EDGARDO FERNANDEZ CLIMENT

Implementación del Marco de Ciberseguridad NIST 2.0

Guía Completa para Profesionales de TI en PyMES

First edition

This book was professionally typeset on Reedsy.
Find out more at reedsy.com

A mi adorada esposa Graciela,

Deseo expresarte mi más sincera gratitud. Eres mi constante musa y mi apoyo inquebrantable. Tu amor ha transformado cada capítulo de mi vida en una hermosa narrativa, y este libro es un testimonio del profundo impacto que has tenido en mi camino.

Eres la inspiración detrás de estas palabras, la presencia que calma mis tormentas y el amor que llena cada página de mi vida.

Con un amor y aprecio infinitos,

Edgardo

Contents

Capítulo 1: Introducción al Marco de Ciberseguridad NIST 2.0

Descripción General del Marco de Ciberseguridad NIST

El Marco de Ciberseguridad NIST es un conjunto integral de pautas y mejores prácticas desarrolladas por el Instituto Nacional de Estándares y Tecnología (NIST) de Estados Unidos, para ayudar a las organizaciones a gestionar y mejorar su postura de ciberseguridad. En esta sección, proporcionaremos una descripción general del NIST CSF y su relevancia para las pequeñas y medianas empresas (PyMES).

El NIST CSF es un marco voluntario que se introdujo por primera vez en 2014 y desde entonces ha sido ampliamente adoptado por organizaciones de todos los tamaños e industrias. Proporciona un lenguaje y una estructura comunes para gestionar los riesgos de ciberseguridad y alinear las actividades de ciberseguridad con los objetivos empresariales. El marco consta de cinco funciones principales: **Identificar, Proteger, Detectar, Responder y Recuperar.**

La primera función, **Identificar**, implica comprender los riesgos, activos

1

y vulnerabilidades de ciberseguridad de la organización. Incluye actividades como la gestión de activos, la evaluación de riesgos y el desarrollo de políticas y procedimientos.

La función **Proteger** se centra en la implementación de salvaguardas para proteger los activos y datos de la organización. Esto incluye actividades como control de acceso, capacitación de concientización y encriptación de datos.

La función **Detectar** implica el monitoreo y detección continuos de eventos de ciberseguridad. Incluye actividades como análisis de registros, detección de intrusiones y planificación de respuesta a incidentes.

La función **Responder** se centra en tomar medidas inmediatas en respuesta a un incidente de ciberseguridad detectado. Esto incluye actividades como coordinación de respuesta a incidentes, comunicación y planificación de recuperación.

La función **Recuperar** implica restaurar las operaciones y servicios normales de la organización después de un incidente de ciberseguridad. Incluye actividades como respaldo y restauración, análisis posterior al incidente y lecciones aprendidas.

El NIST CSF proporciona un marco flexible y personalizable que puede adaptarse a las necesidades y recursos específicos de las PyMES. Ayuda a las PyMES a priorizar sus esfuerzos de ciberseguridad y asignar recursos de manera efectiva. El marco también enfatiza la importancia de la gestión de riesgos y alienta a las organizaciones a evaluar y mejorar continuamente sus prácticas de ciberseguridad.

La implementación del NIST CSF puede generar varios beneficios para las PyMES. Puede ayudarles a mejorar su postura de ciberseguridad, reducir el riesgo de ciberataques y aumentar la confianza de los clientes. El marco también proporciona un lenguaje y un marco comunes para la comunicación con socios, proveedores y agencias reguladoras.

El Marco de Ciberseguridad NIST es un recurso valioso para las PyMES que buscan mejorar sus prácticas de ciberseguridad. Proporciona un enfoque estructurado y mejores prácticas para gestionar los riesgos de ciberseguridad. Al implementar el marco, las PyMES pueden mejorar su postura de ciberseguridad, proteger sus activos y datos, y garantizar la continuidad del negocio frente a las amenazas cibernéticas.

Importancia de la Ciberseguridad para las Pequeñas y Medianas Empresas (PyMES)

En el entorno digital actual, las pequeñas y medianas empresas (PyMES) se están convirtiendo cada vez más en objetivos de los ciberataques. Como profesionales de TI en PyMES, es crucial comprender la importancia de la ciberseguridad y el papel que desempeña en la protección de los datos y activos sensibles de la organización. Esta sección profundizará en la importancia de implementar el Marco de Ciberseguridad NIST 2.0 específicamente diseñado para PyMES.

Las PyMES a menudo asumen que no son objetivos atractivos para los ciberdelincuentes debido a su tamaño y recursos limitados. Sin embargo, esta suposición errónea puede resultar perjudicial, ya que los ciberataques pueden tener graves consecuencias, que van desde la pérdida financiera hasta el daño a la reputación. El Marco de Ciberseguridad NIST 2.0 proporciona una guía completa para que los profesionales de

TI en PyMES desarrollen una estrategia de ciberseguridad sólida que se alinee con los objetivos y recursos de la organización.

Una de las ventajas significativas del Marco de Ciberseguridad NIST 2.0 es su escalabilidad, lo que lo hace adecuado para PyMES con presupuestos limitados y experiencia técnica. Este marco permite a los profesionales de TI identificar y priorizar los activos críticos de la organización, evaluar las amenazas y vulnerabilidades potenciales e implementar los controles de seguridad adecuados. Al adoptar este marco, las PyMES pueden optimizar sus inversiones en ciberseguridad, garantizando la máxima protección contra las amenazas cibernéticas.

Otro aspecto crucial enfatizado en el Marco de Ciberseguridad NIST 2.0 es la importancia de crear una cultura de ciberseguridad dentro de la organización. Los profesionales de TI desempeñan un papel fundamental en la educación de los empleados sobre las mejores prácticas, como la gestión de contraseñas seguras, el reconocimiento de intentos de phishing y la precaución ante correos electrónicos o archivos adjuntos sospechosos. Al fomentar una fuerza laboral consciente de la ciberseguridad, las PyMES pueden reducir significativamente el riesgo de ciberataques exitosos.

Además, el Marco de Ciberseguridad NIST 2.0 enfatiza la importancia del monitoreo y evaluación continuos de la postura de ciberseguridad de la organización. Los profesionales de TI deben actualizar regularmente sus medidas de seguridad, realizar evaluaciones de vulnerabilidad y emplear sistemas de detección de intrusiones para detectar y responder rápidamente a cualquier amenaza potencial. Al adoptar un enfoque proactivo, las PyMES pueden mitigar de manera efectiva los riesgos y prevenir posibles brechas antes de que ocurran.

La importancia de la ciberseguridad para las PyMES no puede subestimarse. El Marco de Ciberseguridad NIST 2.0 proporciona a los profesionales de TI en PyMES una guía completa para desarrollar e implementar una estrategia de ciberseguridad sólida. Al adoptar este marco, las PyMES pueden salvaguardar sus datos confidenciales, minimizar el riesgo de ciberataques y garantizar la continuidad del negocio. Es imperativo que los profesionales de TI comprendan la importancia de la ciberseguridad y tomen medidas proactivas para proteger a sus organizaciones de las amenazas cibernéticas en constante evolución.

Beneficios de la Implementación del Marco de Ciberseguridad NIST 2.0 en PyMES

En el panorama digital actual, la amenaza de los ciberataques está en constante aumento, lo que pone a las pequeñas y medianas empresas (PyMES) en un riesgo significativo. Para mitigar estos riesgos y proteger sus datos sensibles, las PyMES deben adoptar medidas sólidas de ciberseguridad. El Marco de Ciberseguridad NIST 2.0 del Instituto Nacional de Estándares y Tecnología (NIST) proporciona una guía completa para que los profesionales de TI en PyMES protejan a sus organizaciones contra las amenazas cibernéticas.

La implementación del Marco de Ciberseguridad NIST 2.0 ofrece numerosos beneficios para las PyMES, que incluyen:

1. Mejora de la postura de seguridad: Al adoptar el Marco de Ciberseguridad NIST 2.0, las PyMES pueden elevar significativamente su postura de seguridad. El marco proporciona un enfoque estructurado y sistemático para identificar, proteger, detectar, responder y recuperarse de las amenazas cibernéticas. Permite a las PyMES evaluar sus capacidades de seguridad actuales e implementar medidas adecuadas para fortalecer sus defensas.

2. Gestión de riesgos: El Marco de Ciberseguridad NIST 2.0 enfatiza la gestión de riesgos como un componente central. Ayuda a las PyMES a identificar y priorizar los riesgos potenciales, permitiéndoles asignar recursos de manera efectiva. Al implementar el marco, las PyMES pueden abordar de manera proactiva las vulnerabilidades y minimizar el impacto de posibles incidentes cibernéticos, reduciendo las pérdidas financieras y el daño a la reputación.

3. Cumplimiento normativo: Muchas industrias tienen regulaciones específicas de ciberseguridad que las PyMES deben cumplir. El Marco de Ciberseguridad NIST 2.0 proporciona un enfoque práctico y flexible para cumplir con estos requisitos regulatorios. Al implementar el marco, las PyMES pueden garantizar el cumplimiento de varios estándares de la industria, como HIPAA, GDPR y PCI-DSS.

4. Confianza del proveedor y del cliente: La implementación del Marco de Ciberseguridad NIST 2.0 demuestra el compromiso de las PyMES de proteger los datos de sus partes interesadas. Este compromiso mejora la confianza del proveedor y del cliente, ya que pueden confiar en que su información está segura al interactuar con la organización. Esto puede conducir a mayores oportunidades de negocio, mejores relaciones con los clientes y una ventaja competitiva en el mercado.

5. Mejora de la respuesta a incidentes: El Marco de Ciberseguridad NIST 2.0 enfatiza la importancia de un sólido plan de respuesta a incidentes. Las PyMES pueden beneficiarse de la orientación del marco sobre el desarrollo de protocolos de respuesta a incidentes efectivos, lo que les permite detectar y responder rápidamente a los incidentes cibernéticos. Esto ayuda a minimizar el impacto de una brecha y facilita una recuperación rápida, asegurando la continuidad del negocio.

La implementación del Marco de Ciberseguridad NIST 2.0 en PyMES ofrece una amplia gama de beneficios. Desde mejorar la postura de seguridad hasta garantizar el cumplimiento normativo y mejorar las capacidades de respuesta a incidentes, el marco proporciona un enfoque integral para proteger a las PyMES contra las amenazas cibernéticas. Al adoptar el marco, los profesionales de TI en las PyMES pueden fortalecer las defensas de ciberseguridad de sus organizaciones, proteger los datos confidenciales y generar confianza con las partes interesadas.

Capítulo 2: Comprendiendo los Componentes Centrales del Marco de Ciberseguridad NIST 2.0

Identificación de los Desafíos de Ciberseguridad Específicos de las PyMES

Las pequeñas y medianas empresas (PyMES) se enfrentan a un conjunto único de desafíos de ciberseguridad en el entorno digital actual. Estos desafíos requieren una atención especial y un enfoque adaptado a sus necesidades específicas. El Marco de Ciberseguridad NIST 2.0 proporciona una guía valiosa para que los profesionales de TI en las PyMES naveguen por estos desafíos de manera efectiva.

Uno de los principales obstáculos que enfrentan las PyMES es la limitación de recursos. A menudo operan con presupuestos ajustados, lo que dificulta la asignación de fondos suficientes para medidas robustas de ciberseguridad. Como resultado, pueden carecer de personal dedicado, depender de software y hardware desactualizados, y tener una infraestructura de seguridad inadecuada. Los profesionales de TI deben ser creativos y encontrar formas eficientes de implementar el Marco de

Ciberseguridad NIST 2.0 dentro de estas limitaciones, priorizando las necesidades críticas de seguridad.

Otro desafío al que se enfrentan las PyMES es la falta de conciencia y comprensión de los riesgos de ciberseguridad. Muchas operan bajo la suposición errónea de que, debido a su tamaño, no son un objetivo atractivo para los ciberdelincuentes. Esta actitud complaciente puede dejarlas vulnerables a una amplia gama de amenazas. Educar a las partes interesadas sobre las posibles consecuencias de los ciberataques y enfatizar la importancia de una estrategia de defensa proactiva, como la implementación del Marco NIST, es crucial para superar este desafío.

La dependencia de proveedores externos para servicios de TI, como la computación en la nube, el desarrollo de software y la gestión de infraestructura de red, agrega otra capa de complejidad a la ciberseguridad de las PyMES. Aunque la subcontratación puede ser rentable, también introduce nuevos riesgos. Para mitigarlos, los profesionales de TI deben evaluar minuciosamente las prácticas de seguridad de estos proveedores, asegurarse de que cumplan con los estándares del Marco NIST, establecer acuerdos contractuales claros y realizar auditorías periódicas.

El panorama digital en constante evolución presenta un desafío continuo para las PyMES. Las amenazas evolucionan rápidamente y surgen nuevas vulnerabilidades con regularidad. Mantenerse al día con estos cambios puede ser abrumador, especialmente sin un equipo de ciberseguridad dedicado. Para abordar este desafío, los profesionales de TI deben mantenerse informados sobre las últimas tendencias, realizar evaluaciones de riesgos periódicas y fomentar una cultura de aprendizaje y mejora continua dentro de la organización.

En resumen, las PyMES enfrentan una combinación única de desafíos de ciberseguridad, que incluyen recursos limitados, falta de conciencia, dependencia de proveedores externos y un panorama de amenazas en rápida evolución. Al comprender estos desafíos y aplicar las pautas del Marco de Ciberseguridad NIST 2.0, los profesionales de TI pueden desarrollar estrategias adaptadas para proteger efectivamente a sus organizaciones contra las amenazas cibernéticas.

Núcleo del Marco: Identificar

La función "Identificar" del Marco de Ciberseguridad NIST 2.0 es un componente fundamental para establecer una sólida postura de ciberseguridad en las pequeñas y medianas empresas (PyMES). Esta función se centra en comprender el entorno empresarial de la organización, identificar los activos críticos y evaluar los riesgos de ciberseguridad asociados.

Un aspecto clave de la función "Identificar" es la gestión de activos. Los profesionales de TI deben crear un inventario completo de todos los activos de la organización, incluyendo hardware, software, datos y personal. Este inventario permite a las PyMES comprender qué activos son más valiosos y vulnerables, y priorizar su protección en consecuencia. Al identificar y clasificar los activos según su criticidad, las PyMES pueden asignar sus recursos de manera más eficiente y garantizar que los activos más importantes reciban el nivel adecuado de protección.

Otro elemento esencial de la función "Identificar" es la evaluación de riesgos. Los profesionales de TI deben llevar a cabo una evaluación exhaustiva para identificar y analizar las amenazas y vulnerabilidades potenciales que enfrenta la organización. Este proceso implica considerar factores tanto internos como externos, como las debilidades en la infraestructura de TI, las amenazas emergentes del panorama de ciberseguridad y los riesgos asociados con terceros, como proveedores y socios comerciales. Al realizar una evaluación de riesgos completa, las PyMES pueden obtener una comprensión clara de su perfil de riesgo y desarrollar estrategias específicas para mitigar esos riesgos.

La gestión de riesgos de la cadena de suministro es otro aspecto importante de la función "Identificar". En el entorno empresarial interconectado de hoy, las PyMES a menudo dependen de una compleja red de proveedores, vendedores y socios externos. Estos terceros pueden introducir riesgos adicionales para la ciberseguridad de la organización. Por lo tanto, es crucial que los profesionales de TI evalúen y gestionen los riesgos asociados con la cadena de suministro. Esto implica revisar las prácticas de ciberseguridad de los proveedores, establecer acuerdos contractuales claros y monitorear continuamente el cumplimiento de los estándares de seguridad.

Además, la función "Identificar" destaca la importancia de la inteligencia de amenazas y el intercambio de información. Los profesionales de TI deben mantenerse al tanto del panorama de amenazas en constante evolución y aprovechar las diversas fuentes de inteligencia de amenazas, como las alertas de seguridad de los proveedores, los foros de la industria y los servicios de inteligencia de amenazas. Al compartir y colaborar con la comunidad de ciberseguridad en general, las PyMES pueden obtener información valiosa sobre las amenazas emergentes y las mejores prácticas para defenderse contra ellas.

En resumen, la función "Identificar" sienta las bases para una sólida postura de ciberseguridad al permitir a las PyMES comprender su entorno empresarial, identificar los activos críticos, evaluar los riesgos y gestionar las amenazas de la cadena de suministro. Al dominar esta función, los profesionales de TI pueden tomar decisiones informadas sobre la asignación de recursos, desarrollar estrategias de mitigación efectivas y, en última instancia, fortalecer la resiliencia cibernética de su organización.

Núcleo del Marco: Proteger

En el panorama digital actual, las pequeñas y medianas empresas (PyMES) enfrentan un número cada vez mayor de amenazas cibernéticas que pueden paralizar sus operaciones y comprometer datos confidenciales. Para navegar por este complejo panorama de ciberseguridad, los profesionales de TI en las PyMES necesitan un marco sólido que no solo les ayude a identificar y evaluar los riesgos, sino que también les brinde orientación para proteger los activos de su organización. Aquí es donde entra en juego el Marco de Ciberseguridad NIST 2.0 para Pequeñas y Medianas Empresas.

La función Proteger del Marco de Ciberseguridad NIST 2.0 es un componente vital que se centra en desarrollar e implementar salvaguardas para garantizar la seguridad y resiliencia de la infraestructura y los activos críticos. Esta sección profundizará en los diversos aspectos del Núcleo del Marco: Proteger, proporcionando a los profesionales de TI una guía completa para salvaguardar sus PyMES contra las amenazas cibernéticas.

La función Proteger enfatiza la necesidad de medidas proactivas para gestionar y mitigar los riesgos de manera efectiva. Alienta a las PyMES a establecer salvaguardas para limitar o contener el impacto de posibles incidentes cibernéticos. Esta sección explorará los elementos clave de esta función, que incluyen:

1. **Controles de acceso:** La implementación de controles de acceso sólidos garantiza que solo las personas autorizadas puedan acceder a los sistemas y datos críticos. Discutiremos la importancia de la autenticación multifactor, los controles de acceso basados en roles y las revisiones de acceso regulares.

2. **Seguridad de los datos:** Proteger los datos confidenciales es primordial para las PyMES. Esta sección cubrirá las mejores prácticas para encriptar datos en reposo y en tránsito, implementar medidas de prevención de pérdida de datos y establecer procesos seguros de respaldo y recuperación.

3. **Concienciación y capacitación:** Los empleados suelen ser el eslabón más débil en la defensa de ciberseguridad de una organización. Destacaremos la importancia de los programas continuos de concientización y capacitación en ciberseguridad para educar a los empleados sobre posibles amenazas, estafas de phishing y prácticas seguras de navegación.

4. **Respuesta a incidentes:** A pesar de las sólidas medidas preventivas, los incidentes aún pueden ocurrir. Esta sección describirá la importancia de tener un plan de respuesta a incidentes efectivo, incluidas las etapas de identificación, contención, erradicación y recuperación.

5. **Monitoreo continuo:** Para garantizar la efectividad de los controles de seguridad, las PyMES deben monitorear constantemente sus sistemas y redes. Discutiremos la importancia de la inteligencia de amenazas en tiempo real, el análisis de registros y la gestión de

vulnerabilidades.

Al implementar la función Proteger del Marco de Ciberseguridad NIST 2.0, los profesionales de TI en las PyMES pueden mejorar significativamente la resiliencia cibernética de su organización.

Núcleo del Marco: Detectar

La función "Detectar" del Marco de Ciberseguridad NIST 2.0 es un componente esencial para las pequeñas y medianas empresas (PyMES) en su camino hacia una ciberseguridad robusta. Esta sección proporcionará a los profesionales de TI una comprensión integral de la función Detectar, sus componentes clave y su importancia para salvaguardar a las PyMES contra las amenazas cibernéticas.

La función Detectar se centra en monitorear e identificar continuamente posibles eventos de ciberseguridad que puedan ocurrir dentro de los sistemas y redes de una organización. Al implementar mecanismos de detección efectivos, las PyMES pueden detectar y responder rápidamente a incidentes, minimizando el daño potencial causado por los ciberataques.

Uno de los elementos cruciales de la función Detectar es el establecimiento de un sistema de monitoreo robusto. Los profesionales de TI deben asegurarse de que todos los sistemas y redes relevantes sean monitoreados continuamente en busca de actividades sospechosas o anómalas. Esto incluye el monitoreo del tráfico de red, archivos de registro y comportamiento del usuario para identificar cualquier indicador potencial de compromiso.

Otro componente crítico de la función Detectar es la implementación de inteligencia de amenazas. Los profesionales de TI deben recopilar y analizar activamente información sobre las últimas amenazas cibernéticas, vulnerabilidades y técnicas de ataque. Al mantenerse informadas sobre el panorama de amenazas en evolución, las PyMES pueden detectar de manera proactiva las amenazas potenciales y ajustar sus defensas en consecuencia.

Además, la función Detectar enfatiza la importancia de una respuesta oportuna a incidentes. Los profesionales de TI deben establecer un plan de respuesta a incidentes que describa los pasos necesarios a seguir cuando se detecta un evento de ciberseguridad. Este plan debe incluir procedimientos de contención, erradicación y recuperación, asegurando una respuesta rápida y efectiva para mitigar el impacto de un incidente cibernético.

Los profesionales de TI deben considerar la implementación de tecnologías avanzadas como Sistemas de Detección de Intrusiones (IDS) y soluciones de Gestión de Información y Eventos de Seguridad (SIEM). Estas herramientas pueden detectar y alertar automáticamente a los equipos de TI sobre posibles infracciones de seguridad, permitiéndoles responder con prontitud.

La función Detectar del Marco de Ciberseguridad NIST 2.0 es un aspecto crucial para los profesionales de TI en las PyMES. Al implementar un sistema de monitoreo robusto, aprovechar la inteligencia de amenazas y establecer un plan de respuesta a incidentes, las PyMES pueden mejorar su capacidad para detectar y responder de manera efectiva a las amenazas cibernéticas. Al priorizar la función Detectar, las PyMES pueden mejorar significativamente su postura de ciberseguridad y proteger sus valiosos activos de posibles ciberataques.

Núcleo del Marco: Responder

La función "Responder" del Marco de Ciberseguridad NIST 2.0 se centra en las actividades necesarias para tomar medidas apropiadas cuando se detecta un incidente de ciberseguridad. Esta función es esencial para minimizar el impacto de un incidente y restablecer las operaciones normales lo más rápido posible. A continuación, se describen los pasos clave involucrados en la función "Responder":

1. Planificación de respuesta a incidentes:

- Desarrollar un plan de respuesta a incidentes (IRP) que documente los procedimientos, roles y responsabilidades necesarios para manejar un incidente de ciberseguridad.
- Identificar y establecer un equipo de respuesta a incidentes con las habilidades y experiencia adecuadas.
- Definir los criterios para clasificar y priorizar los incidentes según su impacto y urgencia.

2. Detección y análisis de incidentes:

- Monitorear y detectar de manera proactiva los eventos de ciberseguridad utilizando herramientas y técnicas apropiadas.
- Investigar y analizar los incidentes detectados para determinar su alcance, impacto y origen.
- Recopilar y preservar evidencia forense para respaldar el análisis y la toma de decisiones.

3. Contención, erradicación y recuperación:

- Implementar medidas de contención para limitar la propagación y el impacto del incidente, como aislar sistemas comprometidos o bloquear el acceso no autorizado.
- Erradicar la causa raíz del incidente, como eliminar malware o parchar vulnerabilidades.
- Restaurar los sistemas y datos afectados a su estado normal y seguro.
- Monitorear de cerca los sistemas para detectar cualquier actividad maliciosa adicional.

4. Actividades posteriores al incidente:

- Realizar un análisis posterior al incidente para identificar lecciones aprendidas y oportunidades de mejora.
- Actualizar el IRP y los procedimientos de seguridad según sea necesario basándose en los hallazgos del análisis.
- Comunicar los detalles relevantes del incidente y las acciones tomadas a las partes interesadas clave, como la gerencia, los clientes o las autoridades reguladoras.

5. Mejora continua:

- Revisar y probar regularmente el IRP para garantizar su eficacia y relevancia.
- Proporcionar capacitación y ejercicios de simulación al equipo de respuesta a incidentes para mejorar su preparación.
- Mantenerse al tanto de las amenazas emergentes y las mejores

prácticas de la industria para adaptar y mejorar continuamente las capacidades de respuesta a incidentes.

Al seguir estos pasos, los profesionales de TI pueden implementar de manera efectiva la función "Responder" del Marco de Ciberseguridad NIST 2.0 en sus organizaciones. Un enfoque estructurado y proactivo de la respuesta a incidentes ayuda a minimizar el impacto de los incidentes de ciberseguridad, protege los activos críticos y garantiza la continuidad del negocio.

Es importante tener en cuenta que la función "Responder" no es un esfuerzo único, sino un proceso continuo que requiere una revisión y mejora periódicas. A medida que evolucionan las amenazas y cambia el panorama de ciberseguridad, las organizaciones deben adaptar sus capacidades de respuesta a incidentes para mantenerse resilientes y protegidas.

Núcleo del Marco: Recuperar

La función "Recuperar" del Marco de Ciberseguridad NIST 2.0 se centra en las actividades necesarias para restablecer las capacidades o servicios afectados por un incidente de ciberseguridad a su estado normal. El objetivo principal es garantizar la resiliencia de la organización y minimizar el impacto a largo plazo. A continuación, se presentan los pasos clave para implementar efectivamente la función "Recuperar":

1. Desarrollar un plan de recuperación:

- Crear un plan detallado que describa los procedimientos, recursos y responsabilidades necesarios para restaurar los sistemas y datos afectados.

- Identificar los sistemas, aplicaciones y datos críticos para priorizar los esfuerzos de recuperación.
- Establecer objetivos de tiempo de recuperación (RTO) y objetivos de punto de recuperación (RPO) para guiar el proceso.

2. Implementar estrategias de respaldo y restauración:

- Establecer políticas y procedimientos de respaldo de datos para garantizar la disponibilidad de copias de seguridad actualizadas y confiables.
- Almacenar las copias de seguridad en ubicaciones seguras y fuera del sitio para protegerlas de daños o pérdida.
- Probar regularmente los procesos de restauración para garantizar su eficacia y identificar cualquier problema potencial.

3. Ejecutar actividades de recuperación:

- Iniciar el proceso de recuperación de acuerdo con el plan establecido una vez que el incidente ha sido contenido y erradicado.
- Restaurar los sistemas y datos afectados utilizando las copias de seguridad disponibles.
- Verificar la integridad de los datos restaurados y realizar pruebas para garantizar que los sistemas funcionen correctamente.

4. Comunicación y coordinación:

- Mantener una comunicación clara y oportuna con las partes interesadas internas y externas durante el proceso de recuperación.
- Colaborar con los equipos de TI, los propietarios de los sistemas y los usuarios finales para garantizar una recuperación sin problemas.
- Coordinar con proveedores externos, socios y autoridades reguladoras según sea necesario.

5. Documentación y aprendizaje:

- Documentar todas las actividades de recuperación, incluyendo los pasos tomados, los desafíos encontrados y las lecciones aprendidas.
- Realizar una revisión posterior a la recuperación para identificar áreas de mejora y actualizar el plan de recuperación según corresponda.
- Compartir las lecciones aprendidas con la organización para mejorar la preparación y respuesta ante futuros incidentes.

6. Pruebas y mantenimiento continuo:

- Realizar pruebas periódicas del plan de recuperación para validar su eficacia y garantizar que se mantenga actualizado.
- Mantener y actualizar regularmente los sistemas, aplicaciones y configuraciones relacionados con la recuperación.
- Proporcionar capacitación y ejercicios al personal relevante para garantizar su familiaridad con los procedimientos de recuperación.

Al seguir estos pasos, los profesionales de TI en las PyMES pueden establecer un proceso de recuperación sólido y efectivo. La función

"Recuperar" del Marco de Ciberseguridad NIST 2.0 ayuda a las organizaciones a minimizar el impacto de los incidentes de ciberseguridad, restaurar las operaciones normales y fortalecer su resiliencia general.

Es importante destacar que la recuperación no es un evento único, sino un proceso continuo que requiere una revisión, prueba y actualización periódicas. A medida que evolucionan las amenazas y cambian los entornos tecnológicos, las organizaciones deben adaptar sus capacidades de recuperación para garantizar una preparación y respuesta efectivas.

Capítulo 3: Evaluación del Nivel de Madurez de la Ciberseguridad en las PyMES

Definición de los Niveles de Madurez de la Ciberseguridad

En el panorama digital en constante evolución, las pequeñas y medianas empresas (PyMES) enfrentan numerosos desafíos de ciberseguridad. Para proteger eficazmente sus datos y sistemas confidenciales de las amenazas cibernéticas, las PyMES necesitan adoptar un enfoque estructurado hacia la ciberseguridad. Aquí es donde entra en juego el Marco de Ciberseguridad NIST 2.0, que ofrece una guía completa para los profesionales de TI en las PyMES.

Un aspecto crucial del Marco de Ciberseguridad NIST 2.0 es el concepto de niveles de madurez de la ciberseguridad. Estos niveles sirven como una hoja de ruta para que las PyMES evalúen y mejoren sus prácticas de ciberseguridad. Al comprender e implementar los niveles de madurez, los profesionales de TI pueden garantizar que la postura de ciberseguridad de su organización se alinee con las mejores prácticas de la industria.

El Marco de Ciberseguridad NIST 2.0 define cinco niveles de madurez, cada uno indicando un nivel más alto de capacidad de ciberseguridad. Exploremos estos niveles en detalle:

1. **Parcial:** En esta etapa inicial, una PyME tiene una comprensión limitada de sus riesgos de ciberseguridad y carece de un enfoque formalizado para abordarlos. Es posible que se implementen medidas de seguridad básicas, pero no existe un proceso o marco consistente.

2. **Informado sobre riesgos:** Las PyMES en este nivel han comenzado a identificar y evaluar sus riesgos de ciberseguridad. Han implementado algunos controles basados en evaluaciones de riesgos, pero carecen de una estrategia formal para gestionar los riesgos.

3. **Repetible:** En este nivel, las PyMES han establecido un programa de ciberseguridad formalizado. Las políticas, los procedimientos y los controles están establecidos y se siguen de manera consistente. También se implementan planes de respuesta a incidentes y programas de capacitación para empleados.

4. **Adaptativo:** Las PyMES que operan en este nivel de madurez tienen un enfoque proactivo de la ciberseguridad. Monitorean continuamente sus sistemas, realizan evaluaciones de riesgos regulares y adaptan sus controles de seguridad en consecuencia. Los planes de respuesta a incidentes se prueban y actualizan regularmente.

5. **Optimizado:** En el nivel más alto, las PyMES han integrado completamente la ciberseguridad en sus procesos comerciales. Tienen una comprensión integral de sus riesgos de ciberseguridad y mejoran continuamente su postura de seguridad basándose en análisis y lecciones aprendidas. La ciberseguridad es una prioridad en todos los niveles de

la organización.

Al comprender los diferentes niveles de madurez, los profesionales de TI pueden evaluar la postura de ciberseguridad actual de su organización e identificar áreas de mejora. Este conocimiento les permite crear una hoja de ruta para alcanzar niveles más altos de madurez de ciberseguridad, lo que en última instancia mejora la resiliencia de su organización contra las amenazas cibernéticas.

En resúmen, definir los niveles de madurez de la ciberseguridad es un componente esencial del Marco de Ciberseguridad NIST 2.0 para las PyMES. Los profesionales de TI pueden aprovechar estos niveles para evaluar y mejorar las prácticas de ciberseguridad de su organización, asegurando que se alineen con los estándares de la industria. Al progresar a través de los niveles de madurez, las PyMES pueden mejorar sus capacidades de ciberseguridad y proteger sus valiosos activos de las amenazas cibernéticas en constante evolución.

Realización de una Evaluación de Madurez de la Ciberseguridad en las PyMES

En el panorama digital actual, la ciberseguridad se ha convertido en una preocupación crítica para las pequeñas y medianas empresas (PyMES). Con el creciente número de amenazas cibernéticas y los posibles daños financieros y de reputación que pueden causar, es imperativo que las PyMES evalúen su madurez en ciberseguridad. Esta sección tiene como objetivo guiar a los profesionales de TI en las PyMES a través del proceso de realizar una evaluación de madurez de la ciberseguridad utilizando el Marco de Ciberseguridad NIST 2.0.

El Marco de Ciberseguridad NIST 2.0 es un conjunto completo de pautas, mejores prácticas y estándares diseñados para ayudar a las organizaciones a gestionar y mejorar su postura de ciberseguridad. Proporciona un marco que las PyMES pueden utilizar para evaluar sus capacidades actuales de ciberseguridad, identificar áreas de mejora y desarrollar una hoja de ruta para mejorar su madurez general en ciberseguridad.

Para comenzar la evaluación, los profesionales de TI deben familiarizarse con las cinco funciones principales del Marco de Ciberseguridad NIST: Identificar, Proteger, Detectar, Responder y Recuperar. Estas funciones forman la base para evaluar la efectividad de las medidas de ciberseguridad de una PyME.

El primer paso para realizar la evaluación es identificar y comprender los activos, sistemas y datos críticos de la organización. Esto incluye mapear la infraestructura de TI, identificar vulnerabilidades y evaluar riesgos potenciales. Los profesionales de TI deben entonces evaluar los controles y medidas de seguridad existentes para proteger estos activos.

A continuación, la evaluación debe centrarse en detectar y responder a incidentes de ciberseguridad. Los profesionales de TI deben evaluar el plan de respuesta a incidentes de la organización, las capacidades de detección de incidentes y los procesos de gestión de incidentes. Esto incluye evaluar la capacidad de la organización para detectar y responder a las amenazas cibernéticas de manera oportuna.

El paso final en la evaluación es evaluar la capacidad de la organización para recuperarse de un incidente cibernético. Los profesionales de TI deben evaluar los procesos de respaldo y recuperación de la organización, los planes de continuidad del negocio y las capacidades de recuperación de incidentes.

Basándose en los resultados de la evaluación, los profesionales de TI pueden desarrollar una hoja de ruta para mejorar la madurez de la ciberseguridad de la organización. Esto puede incluir la implementación de controles de seguridad adicionales, la mejora de los programas de capacitación y concientización de los empleados, y la adopción de nuevas tecnologías para fortalecer la postura general de ciberseguridad.

En el Apéndice A se incluyen plantillas de las cinco funciones que pueden utilizarse tanto para la evaluación como así también para la implementación del Marco. Realizar una evaluación de madurez de la ciberseguridad utilizando el Marco de Ciberseguridad NIST 2.0 es crucial para las PyMES. Permite a los profesionales de TI identificar vulnerabilidades, evaluar riesgos y desarrollar una hoja de ruta para mejorar la postura de ciberseguridad de la organización. Al seguir las pautas descritas en esta sección, los profesionales de TI pueden mejorar eficazmente la madurez de la ciberseguridad de las PyMES y protegerlas de las amenazas cibernéticas en constante evolución en el panorama digital actual.

Interpretación y Análisis de los Resultados de la Evaluación

En el mundo de la ciberseguridad, evaluar la efectividad de las medidas de seguridad es crucial para salvaguardar los activos valiosos y protegerse contra amenazas potenciales. En esta sección, profundizaremos en el proceso de interpretación y análisis de los resultados de la evaluación dentro del contexto del Marco de Ciberseguridad NIST 2.0

para Pequeñas y Medianas Empresas (PyMES).

Los resultados de la evaluación proporcionan a los profesionales de TI información valiosa sobre las fortalezas y debilidades de la postura de ciberseguridad de su organización. Estos resultados se obtienen a través de varios métodos de evaluación, como escaneos de vulnerabilidades, pruebas de penetración y evaluaciones de riesgos. Sin embargo, simplemente obtener resultados de evaluación no es suficiente; el valor real radica en la capacidad de interpretarlos y analizarlos de manera efectiva.

La interpretación de los resultados de la evaluación implica comprender la importancia de varios hallazgos e identificar posibles vulnerabilidades o brechas en el marco de ciberseguridad. Esto requiere una comprensión profunda del Marco de Ciberseguridad NIST 2.0 y sus componentes principales: Identificar, Proteger, Detectar, Responder y Recuperar. Los profesionales de TI deben ser capaces de mapear los hallazgos de la evaluación a estos componentes del marco para determinar el impacto en la postura general de seguridad de su organización.

El análisis de los resultados de la evaluación va más allá de la interpretación e implica un examen más detallado de los hallazgos. Este proceso incluye la priorización de las vulnerabilidades según su gravedad y su impacto potencial en las operaciones de la organización. Los profesionales de TI deben considerar factores como la probabilidad de explotación, el daño potencial y los recursos necesarios para abordar cada vulnerabilidad. Este análisis ayuda a desarrollar un plan de acción para mitigar de manera efectiva los riesgos identificados.

Además, el análisis efectivo de los resultados de la evaluación requiere considerar el contexto en el que opera la organización. Las PyMES enfrentan desafíos únicos en términos de recursos limitados, restricciones presupuestarias y diversas necesidades de ciberseguridad. Los profesionales de TI deben considerar estos factores al interpretar y analizar los resultados de la evaluación para garantizar que las soluciones propuestas sean factibles y estén alineadas con las capacidades de la organización.

Interpretar y analizar los resultados de la evaluación es un paso crítico en el proceso de implementación del Marco de Ciberseguridad NIST 2.0 para las PyMES. Los profesionales de TI deben poseer una comprensión profunda de los componentes principales del marco y ser capaces de mapear los hallazgos de la evaluación a estos componentes. Al interpretar y analizar de manera efectiva los resultados de la evaluación, los profesionales de TI pueden identificar vulnerabilidades, priorizar riesgos y desarrollar planes de acción para mejorar la postura de ciberseguridad de su organización.

Identificación de Áreas de Mejora

En el panorama digital actual, las pequeñas y medianas empresas (PyMES) se enfrentan a un número creciente de amenazas de ciberseguridad. Para proteger eficazmente sus valiosos activos y datos confidenciales, las PyMES necesitan adoptar prácticas sólidas de ciberseguridad. El Instituto Nacional de Estándares y Tecnología (NIST) ha desarrollado el Marco de Ciberseguridad 2.0, adaptado específicamente para las PyMES, para guiarlas en la implementación de una estrategia integral de ciberseguridad.

Como profesionales de TI, es crucial comprender cómo identificar áreas de mejora dentro del marco de ciberseguridad de su organización. Esta sección le proporcionará el conocimiento y las herramientas necesarias para evaluar su postura de ciberseguridad actual y descubrir vulnerabilidades que pueden poner en riesgo a su organización.

Para comenzar, es esencial realizar una evaluación exhaustiva de riesgos. Esto implica identificar y evaluar amenazas potenciales, vulnerabilidades y posibles impactos en los activos de su organización. Al comprender los riesgos específicos que enfrenta su organización, puede priorizar las áreas de mejora en función de su impacto potencial. Es importante involucrar a las partes interesadas clave de varios departamentos en este proceso para obtener una perspectiva holística.

Una vez que haya identificado los riesgos, es crucial establecer una línea de base para medir sus capacidades actuales de ciberseguridad. Esto se puede hacer mediante una autoevaluación del Marco de Ciberseguridad NIST 2.0 utilizando las plantillas incluídas en el Apéndice A de este libro. El marco proporciona un enfoque estructurado para evaluar la madurez de la ciberseguridad de su organización en cinco funciones principales: Identificar, Proteger, Detectar, Responder y Recuperar. Al evaluar el desempeño de su organización en cada función, puede identificar áreas donde se necesitan mejoras.

Otro enfoque valioso para identificar áreas de mejora es realizar pruebas de penetración y evaluaciones de vulnerabilidad periódicas. Estas pruebas simulan ataques del mundo real para identificar debilidades en sus sistemas, redes y aplicaciones. Al descubrir vulnerabilidades antes de que los actores maliciosos las exploten, puede abordar proactivamente estas debilidades y fortalecer su postura general de ciberseguridad.

Además, es crucial establecer una cultura de mejora continua dentro de su organización. Esto implica monitorear y evaluar regularmente sus prácticas de ciberseguridad, implementar las actualizaciones necesarias y brindar educación y capacitación continuas a los empleados. Al fomentar una mentalidad proactiva hacia la ciberseguridad, puede identificar áreas de mejora y realizar los ajustes necesarios de manera oportuna.

En resúmen, identificar áreas de mejora dentro del marco de ciberseguridad de su organización es vital para proteger su PyME contra las amenazas cibernéticas. Al realizar una evaluación de riesgos, una autoevaluación utilizando el Marco de Ciberseguridad NIST 2.0 y pruebas de penetración periódicas, puede descubrir vulnerabilidades y priorizar las mejoras necesarias. Además, fomentar una cultura de mejora continua garantiza que su organización se mantenga resiliente frente a las amenazas cibernéticas en evolución. Manténgase proactivo, manténgase vigilante y manténgase seguro.

Capítulo 4: Implementación del Marco de Ciberseguridad NIST 2.0 en las PyMES

Desarrollo de una Estrategia de Ciberseguridad para las PyMES

En la era digital actual, las pequeñas y medianas empresas (PyMES) se enfrentan a crecientes amenazas cibernéticas que pueden tener consecuencias devastadoras para sus operaciones. Para combatir estos riesgos, es crucial que las PyMES desarrollen una estrategia de ciberseguridad sólida que se alinee con el Marco de Ciberseguridad NIST 2.0. Esta sección explora los pasos clave involucrados en la creación de una estrategia de ciberseguridad efectiva para las PyMES, proporcionando a los profesionales de TI una guía completa para proteger sus organizaciones.

1. Evaluación de riesgos de ciberseguridad:

El primer paso en el desarrollo de una estrategia de ciberseguridad es realizar una evaluación exhaustiva de la postura de ciberseguridad actual de la organización. Esto implica identificar posibles vulnerabilidades, evaluar la probabilidad y el impacto de diversas amenazas, y comprender el valor de los activos digitales de la organización. Al realizar una evaluación de riesgos, los profesionales de TI pueden priorizar sus esfuerzos y asignar recursos de manera efectiva.

2. Creación de un plan de gestión de riesgos:

Basándose en los resultados de la evaluación de riesgos, los profesionales de TI deben desarrollar un plan de gestión de riesgos que describa las acciones requeridas para mitigar los riesgos identificados. Este plan debe incluir políticas, procedimientos y controles de seguridad que aborden las vulnerabilidades específicas de la organización. También debe considerar los requisitos regulatorios y las mejores prácticas de la industria para garantizar el cumplimiento y mejorar la postura general de ciberseguridad de la organización.

3. Implementación de salvaguardas:

Una vez que el plan de gestión de riesgos esté establecido, los profesionales de TI deben implementar las salvaguardas adecuadas para proteger los activos digitales de la organización. Esto incluye el despliegue de firewalls, sistemas de detección de intrusiones, software antivirus y mecanismos de encriptación. Además, se deben implementar programas de capacitación para empleados para educar al personal sobre las mejores prácticas de ciberseguridad y crear conciencia sobre posibles amenazas.

4. Monitoreo y respuesta a incidentes:

El monitoreo continuo de los sistemas y redes de la organización es esencial para detectar y responder de manera oportuna a posibles incidentes cibernéticos. Los profesionales de TI deben establecer procedimientos de respuesta a incidentes que describan los pasos a seguir en caso de una violación de seguridad. También se deben realizar pruebas de penetración y evaluaciones de vulnerabilidad periódicas para identificar cualquier debilidad en las defensas de la organización.

5. Mejora continua:

Una estrategia de ciberseguridad debe ser dinámica y adaptable a las amenazas en evolución. Los profesionales de TI deben revisar y actualizar regularmente su estrategia en función de los cambios en el panorama de amenazas, las nuevas tecnologías y las lecciones aprendidas de incidentes anteriores. Al mejorar continuamente sus medidas de ciberseguridad, las PyMES pueden mantenerse un paso por delante de los ciberdelincuentes y proteger sus valiosos activos.

Desarrollar una estrategia de ciberseguridad es crucial para que las PyMES salvaguarden sus operaciones y activos de las amenazas cibernéticas. Al seguir los pasos descritos en esta sección y alinearse con el Marco de Ciberseguridad NIST 2.0, los profesionales de TI pueden crear una estrategia sólida que mejore la postura general de ciberseguridad de la organización.

Establecimiento de Gobernanza y Rendición de Cuentas

En el panorama digital actual, las pequeñas y medianas empresas (PyMES) enfrentan un número creciente de amenazas de ciberseguridad. Para proteger eficazmente sus datos y sistemas sensibles, las PyMES deben establecer mecanismos sólidos de gobernanza y rendición de cuentas. Esta sección profundiza en la importancia de implementar el Marco de Ciberseguridad NIST 2.0 para las PyMES y proporciona orientación práctica para los profesionales de TI.

La gobernanza sienta las bases para la postura de ciberseguridad de una organización. Implica el desarrollo de políticas, procedimientos y marcos que describen los roles y responsabilidades de individuos y departamentos. Al establecer estructuras claras de gobernanza, las PyMES pueden asegurarse de que todos comprendan su papel en la protección de la organización contra las amenazas cibernéticas. Esta sección explora los elementos clave de una gobernanza efectiva, incluido el establecimiento de un comité directivo de ciberseguridad, el desarrollo de políticas de ciberseguridad y la implementación de evaluaciones de riesgos regulares.

La rendición de cuentas es igualmente crucial para las PyMES que buscan mejorar sus defensas de ciberseguridad. Implica responsabilizar a individuos y equipos por sus acciones y garantizar que las responsabilidades de ciberseguridad estén integradas en toda la organización. Esta sección destaca la importancia de asignar roles y responsabilidades claros, proporcionar capacitación y educación adecuadas, y establecer métricas de desempeño para medir la efectividad de los esfuerzos de ciberseguridad.

Al implementar el Marco de Ciberseguridad NIST 2.0 y establecer mecanismos de gobernanza y rendición de cuentas, las PyMES pueden mejorar significativamente su resiliencia en ciberseguridad. Esta sección equipa a los profesionales de TI con el conocimiento y las herramientas necesarias para navegar el complejo panorama de la ciberseguridad, proteger la información confidencial de su organización y salvaguardarse contra las amenazas cibernéticas emergentes.

Implementación del Núcleo del Marco: Identificar

En la era digital actual, las pequeñas y medianas empresas (PyMES) se están convirtiendo cada vez más en objetivos de los ciberataques. Es esencial que los profesionales de TI en las PyMES comprendan la importancia de implementar un marco de ciberseguridad sólido para salvaguardar la información confidencial de su organización y garantizar la continuidad de sus operaciones. El Marco de Ciberseguridad NIST 2.0 se ha convertido en una guía completa para que las PyMES mejoren su postura de ciberseguridad y gestionen eficazmente los riesgos cibernéticos.

El primer paso en la implementación del Marco de Ciberseguridad NIST 2.0 es la función Identificar. Esta función ayuda a las organizaciones a desarrollar una comprensión clara de sus riesgos de ciberseguridad internos y externos, los activos que necesitan proteger y el impacto potencial de un ciberataque exitoso. Al realizar una evaluación exhaustiva, los profesionales de TI pueden identificar vulnerabilidades y priorizar sus esfuerzos para mitigar los riesgos de manera efectiva.

Para comenzar la función Identificar, los profesionales de TI deben crear un inventario de los sistemas de información, datos y otros activos críticos de su organización. Este inventario les permitirá identificar posibles vulnerabilidades y determinar los controles de seguridad adecuados para proteger sus activos. Además, los profesionales de TI deben evaluar el impacto potencial de un ciberataque en las operaciones, la reputación y la salud financiera de su organización.

Otro aspecto crucial de la función Identificar es comprender el nivel de tolerancia al riesgo de ciberseguridad de la organización. Los profesionales de TI deben trabajar en estrecha colaboración con las partes interesadas clave, incluida la alta dirección y los departamentos legales, para establecer el nivel de tolerancia al riesgo y definir un nivel aceptable de riesgo para la organización. Este paso guiará la toma de decisiones adicionales a lo largo del proceso de implementación.

Además, los profesionales de TI deben identificar las leyes, regulaciones y estándares de la industria aplicables que rigen las prácticas de ciberseguridad de su organización. El cumplimiento de estos requisitos es vital para garantizar que se cumplan las obligaciones legales y regulatorias, y que la reputación de la organización se mantenga intacta.

Por último, los profesionales de TI deben identificar y documentar las dependencias externas de la organización, como proveedores externos, proveedores de servicios en la nube y otros socios comerciales. Comprender estas dependencias ayudará a evaluar los riesgos potenciales asociados con estas relaciones e implementar las medidas de seguridad adecuadas para mitigar esos riesgos.

La función Identificar sienta las bases para una implementación efectiva del marco de ciberseguridad. Al realizar una evaluación integral, comprender la tolerancia al riesgo, cumplir con las obligaciones legales y regulatorias, e identificar las dependencias externas, los profesionales de TI en las PyMES pueden obtener una comprensión clara del panorama de ciberseguridad de su organización. Este conocimiento les permitirá tomar decisiones informadas y priorizar sus esfuerzos para proteger sus activos y mitigar los riesgos cibernéticos de manera efectiva.

En la siguiente sección, profundizaremos en la segunda función del Marco de Ciberseguridad NIST 2.0, "Proteger", y exploraremos varios controles de seguridad que los profesionales de TI pueden implementar para salvaguardar los activos de su organización. Manténgase atento para obtener información valiosa sobre cómo fortalecer la postura de ciberseguridad de su organización.

Implementación del Núcleo del Marco: Proteger

En el panorama de amenazas de ciberseguridad en constante evolución, se ha vuelto imperativo para las Pequeñas y Medianas Empresas (PyMES) priorizar la protección de sus activos digitales. El Marco de Ciberseguridad NIST 2.0 ofrece un enfoque integral para salvaguardar información confidencial, reducir riesgos y mitigar posibles vulnerabilidades. Esta sección se centra en la implementación de la función "Proteger" del Núcleo del Marco, proporcionando a los profesionales de TI orientación práctica sobre cómo fortalecer la postura de ciberseguridad de su organización.

La función "Proteger" tiene como objetivo desarrollar e implementar salvaguardas para garantizar la entrega continua de servicios críticos y proteger los activos de la organización contra el acceso no autorizado, daños o interrupciones. Esta función abarca diversas actividades, incluido el establecimiento de controles de acceso, encriptación, capacitación de concientización y evaluaciones periódicas de vulnerabilidades. Al implementar estas medidas, las PyMES pueden fortalecer significativamente sus defensas de ciberseguridad y minimizar la probabilidad de ciberataques exitosos.

Para comenzar, los profesionales de TI deben realizar una evaluación exhaustiva de las medidas de seguridad actuales de su organización e identificar posibles brechas o vulnerabilidades. Esta evaluación servirá como base para desarrollar una estrategia de protección efectiva adaptada a las necesidades y recursos específicos de la PyME. Es crucial involucrar a las partes interesadas clave, incluida la gerencia, el personal de TI y los empleados, para garantizar una comprensión integral de los requisitos de seguridad de la organización.

Los controles de acceso desempeñan un papel vital en la protección de la información y los sistemas confidenciales del acceso no autorizado. Los profesionales de TI deben implementar mecanismos de autenticación robustos, como la autenticación de múltiples factores, para verificar la identidad de los usuarios. Además, se debe emplear el cifrado para proteger los datos tanto en tránsito como en reposo, mitigando el riesgo de interceptación o robo.

La capacitación de concientización es otro aspecto esencial de la función "Proteger". Los profesionales de TI deben educar a los empleados sobre las mejores prácticas de ciberseguridad, incluido cómo identificar y reportar actividades sospechosas, evitar estafas de phishing y crear contraseñas seguras. Las sesiones de capacitación periódicas y los ejercicios simulados de phishing pueden ayudar a reforzar la conciencia de seguridad en toda la organización.

Además, realizar evaluaciones de vulnerabilidad y pruebas de penetración periódicas es fundamental para identificar y abordar cualquier debilidad en la infraestructura de la organización. Los profesionales de TI deben aprovechar herramientas automatizadas e involucrar a expertos externos, si es necesario, para garantizar una evaluación integral de la postura de seguridad del sistema.

En resúmen, implementar la función "Proteger" del Marco de Ciberseguridad NIST 2.0 es primordial para las PyMES que buscan mejorar su resiliencia en ciberseguridad. Al establecer controles de acceso robustos, aprovechar el cifrado, brindar capacitación de concientización y realizar evaluaciones periódicas de vulnerabilidades, los profesionales de TI pueden reducir significativamente el riesgo de violaciones de datos, interrupciones del sistema y pérdidas financieras. La protección de los activos digitales de la organización debe ser un esfuerzo continuo, con monitoreo y adaptación continuos para abordar las amenazas y vulnerabilidades emergentes.

Implementación del Núcleo del Marco: Detectar

En el panorama digital altamente interconectado de hoy, las pequeñas y medianas empresas (PyMES) enfrentan numerosos desafíos de ciberseguridad. Con el número cada vez mayor de amenazas cibernéticas, se ha vuelto crucial para los profesionales de TI en las PyMES adoptar estrategias efectivas para detectar y responder a posibles incidentes de ciberseguridad. Esta sección se centra en la implementación de la función Detectar dentro del Marco de Ciberseguridad NIST 2.0, proporcionando a los profesionales de TI información valiosa y pasos prácticos para mejorar las capacidades de detección de amenazas cibernéticas de su organización.

La función Detectar es un componente esencial del Núcleo del Marco, con el objetivo de identificar rápidamente la ocurrencia de eventos de ciberseguridad. Al implementar esta función, los profesionales de TI pueden establecer un sistema robusto que permite el monitoreo continuo, la identificación proactiva de amenazas y la respuesta oportuna a incidentes. La función Detectar abarca diversas actividades, incluido el monitoreo de redes, la detección de anomalías, las pruebas de penetración y las evaluaciones de vulnerabilidad.

Para implementar de manera efectiva la función Detectar, los profesionales de TI deben comenzar realizando una evaluación integral de las capacidades de ciberseguridad existentes de su organización. Esta evaluación debe identificar cualquier brecha o debilidad en el sistema actual y proporcionar información sobre los recursos necesarios para la mejora. Al aprovechar las pautas del Marco de Ciberseguridad NIST, los profesionales de TI pueden alinear sus estrategias de detección con las mejores prácticas de la industria.

Una vez que se completa la evaluación, los profesionales de TI pueden enfocarse en implementar las herramientas y tecnologías necesarias para una detección efectiva de amenazas. Esto puede implicar el despliegue de sistemas avanzados de monitoreo de seguridad, sistemas de detección de intrusiones o soluciones de gestión de información y eventos de seguridad (SIEM). Estas tecnologías pueden ayudar a los profesionales de TI a identificar amenazas potenciales, monitorear actividades de red y analizar registros de seguridad para detectar anomalías o comportamientos sospechosos.

Además de la implementación de tecnología, los profesionales de

TI también deben establecer procedimientos sólidos de respuesta a incidentes. Esto incluye definir roles y responsabilidades, crear un equipo de respuesta a incidentes y desarrollar un plan de respuesta a incidentes. Al tener un plan de respuesta a incidentes bien definido y probado, las organizaciones pueden garantizar una respuesta rápida y efectiva a los incidentes de ciberseguridad, minimizando el daño potencial causado por tales eventos.

El monitoreo y la revisión continuos son cruciales para el éxito de la función Detectar. Los profesionales de TI deben analizar regularmente los registros de seguridad, revisar los procedimientos de respuesta a incidentes y actualizar las herramientas de detección para mantenerse al día con las amenazas cibernéticas en evolución. Al mantenerse proactivos y vigilantes, las PyMES pueden mejorar significativamente su capacidad para detectar y responder a posibles incidentes de ciberseguridad.

La implementación de la función Detectar dentro del Marco de Ciberseguridad NIST 2.0 es crucial para los profesionales de TI en las PyMES. Al seguir las pautas proporcionadas en esta sección, los profesionales de TI pueden mejorar la postura de ciberseguridad de su organización al establecer capacidades efectivas de detección de amenazas. Al monitorear continuamente sus redes, aprovechar tecnologías avanzadas e implementar procedimientos sólidos de respuesta a incidentes, las PyMES pueden reducir significativamente el riesgo de incidentes de ciberseguridad y proteger sus valiosos activos.

Implementación del Núcleo del Marco: Responder

En el mundo de la ciberseguridad, no se trata de si ocurrirá un incidente, sino de cuándo. Como profesionales de TI, es nuestra responsabilidad no solo prevenir los ciberataques, sino también responder de manera rápida y efectiva cuando ocurren. Esta sección se centra en la función "Responder" del Marco de Ciberseguridad NIST 2.0, proporcionando orientación y estrategias para los profesionales de TI en pequeñas y medianas empresas (PyMES).

La función Responder dentro del Marco de Ciberseguridad NIST está diseñada para garantizar que las organizaciones tengan la capacidad de responder y mitigar los impactos de un incidente de ciberseguridad. Abarca actividades como la planificación de respuesta a incidentes, comunicación, análisis y mitigación. Al implementar la función Responder, las PyMES pueden minimizar el daño potencial causado por incidentes cibernéticos y restaurar las operaciones normales lo más rápido posible.

Uno de los aspectos clave de la implementación de la función Responder es el desarrollo de un plan de respuesta a incidentes (IRP). Este plan describe los pasos a seguir en caso de un incidente de ciberseguridad y debe probarse y actualizarse regularmente para reflejar el panorama de amenazas en evolución. Los profesionales de TI deben colaborar con varias partes interesadas dentro de la organización para crear un IRP integral que aborde diferentes tipos de incidentes y describa los roles y responsabilidades de cada miembro del equipo.

La comunicación efectiva es otro elemento crucial de la función Responder. Los profesionales de TI deben establecer líneas claras de comunicación con las partes interesadas internas, como los equipos de gestión, legales y de recursos humanos, así como con entidades externas, incluidas las fuerzas del orden y los proveedores de respuesta a incidentes. Esto garantiza que todas las partes estén informadas y puedan coordinar sus esfuerzos durante un incidente.

Además, los profesionales de TI deben establecer mecanismos para analizar y mitigar los impactos de un incidente de ciberseguridad. Esto incluye realizar revisiones posteriores al incidente para identificar lecciones aprendidas y mejorar las capacidades de respuesta a incidentes. Además, las organizaciones deben considerar aprovechar la inteligencia de amenazas y compartir información con otras PyMES para mejorar su postura general de ciberseguridad.

Implementar la función Responder del Marco de Ciberseguridad NIST 2.0 es un paso crítico para fortalecer la resiliencia cibernética de las PyMES. Al desarrollar un plan de respuesta a incidentes, establecer canales de comunicación efectivos y mejorar continuamente las capacidades de respuesta a incidentes, los profesionales de TI pueden responder de manera efectiva a incidentes cibernéticos y proteger a sus organizaciones de posibles daños.

Implementación del Núcleo del Marco: Recuperar

En esta sección, exploraremos los conceptos clave y las mejores prácticas para implementar la función Recuperar del Marco de Ciberseguridad NIST 2.0 específicamente adaptado para Pequeñas y Medianas Empresas (PyMES). Como profesionales de TI, es crucial comprender la importancia de recuperarse de un incidente de ciberseguridad y garantizar que se implementen medidas adecuadas para minimizar el impacto y restaurar rápidamente las operaciones normales.

La función Recuperar se enfoca en desarrollar e implementar estrategias para restaurar cualquier capacidad o servicio que pueda haber sido afectado debido a un evento de ciberseguridad. Las PyMES a menudo carecen de los recursos y la experiencia de las organizaciones más grandes, lo que hace aún más crítico tener un plan de recuperación bien definido.

Para comenzar, es esencial establecer un plan sólido de respuesta a incidentes que describa los pasos a seguir en caso de un incidente de ciberseguridad. Este plan debe incluir procedimientos para identificar, contener, erradicar y recuperarse del incidente. Probar y actualizar regularmente este plan ayudará a garantizar su efectividad cuando ocurra un incidente real.

Otro aspecto importante de la función Recuperar es tener una estrategia confiable de respaldo y recuperación. Las PyMES deben respaldar regularmente sus datos y sistemas críticos, asegurando que las copias de seguridad se almacenen en una ubicación segura. La implementación de soluciones de respaldo automatizadas puede agilizar este proceso y reducir el riesgo de errores humanos.

Además de las copias de seguridad, las PyMES también deben considerar la implementación de mecanismos de redundancia y conmutación por error. Esto implica tener sistemas o infraestructura duplicados en su lugar, lo que permite una recuperación rápida y sin problemas en caso de un incidente. La redundancia puede ayudar a minimizar el tiempo de inactividad y garantizar que las operaciones comerciales críticas continúen sin una interrupción significativa.

Por otra parte, las PyMES deben establecer protocolos de comunicación durante la recuperación de incidentes. Esto incluye líneas claras de comunicación con las partes interesadas internas, socios externos y autoridades relevantes. Las actualizaciones periódicas de comunicación ayudarán a gestionar las expectativas y mantener a todas las partes informadas sobre el progreso de la recuperación.

Por último, las PyMES deben realizar revisiones posteriores al incidente para comprender las causas fundamentales del incidente e identificar áreas de mejora. Este proceso de revisión ayudará a mejorar la postura general de ciberseguridad de la organización y evitará que ocurran incidentes similares en el futuro.

Implementar la función Recuperar del Marco de Ciberseguridad NIST 2.0 es vital para que las PyMES respondan y se recuperen de manera efectiva de los incidentes de ciberseguridad. Al seguir las mejores prácticas descritas en esta sección, los profesionales de TI pueden garantizar que sus organizaciones tengan los planes, estrategias y procesos necesarios para recuperarse rápidamente y minimizar el impacto de tales incidentes en sus operaciones comerciales.

Capítulo 5: Integrando el Marco de Ciberseguridad NIST 2.0 en la Infraestructura de TI de las PyMES

Evaluación de la Infraestructura de TI Existente

Como profesional de TI en una pequeña o mediana empresa (PyME), una de sus principales responsabilidades es garantizar la seguridad de la infraestructura de TI de su organización. Con el creciente número de amenazas cibernéticas dirigidas a las PyMES, es crucial contar con un marco de ciberseguridad sólido. El Marco de Ciberseguridad NIST 2.0 es una guía completa que puede ayudarlo a lograr este objetivo de manera efectiva.

Antes de implementar cualquier medida de ciberseguridad, es esencial evaluar su infraestructura de TI existente. Este paso le proporcionará una comprensión clara de las fortalezas, debilidades y vulnerabilidades de su organización. Le permite identificar riesgos potenciales y desarrollar estrategias para mitigarlos.

Para evaluar su infraestructura de TI existente, debe realizar un análisis exhaustivo del hardware, software, red y sistemas de datos de su organización. Comience por identificar todos los dispositivos conectados a su red, incluidos servidores, computadoras, laptops y dispositivos móviles. Evalúe sus configuraciones de seguridad, administración de parches y políticas de actualización. Asegúrese de que todos los dispositivos funcionen con los sistemas operativos más recientes y tengan instalado un software antivirus actualizado.

A continuación, evalúe las aplicaciones de software de su organización. Determine si se actualizan y parchen regularmente, ya que el software desactualizado puede exponer sus sistemas a diversas vulnerabilidades. Evalúe los controles de seguridad implementados, como controles de acceso, encriptación y mecanismos de autenticación.

Analice la arquitectura y configuración de su red para identificar cualquier debilidad potencial. Asegúrese de que los firewalls, los sistemas de detección de intrusiones y otras medidas de seguridad de la red estén implementados correctamente. Considere realizar escaneos de vulnerabilidades y pruebas de penetración para identificar cualquier vulnerabilidad que pueda estar presente en su red.

Finalmente, evalúe sus sistemas y almacenamiento de datos. Identifique dónde se almacenan los datos confidenciales y cómo se protegen. Evalúe sus procesos de respaldo y recuperación ante desastres para asegurarse de que sean efectivos. Implemente controles de encriptación y acceso para proteger los datos confidenciales del acceso no autorizado.

Una vez que haya completado la evaluación, compile un informe completo que destaque las fortalezas y debilidades de su infraestructura de TI. Este informe servirá como base para implementar el Marco de Ciberseguridad NIST 2.0 de manera efectiva. Lo ayudará a priorizar sus esfuerzos de ciberseguridad y asignar recursos de manera adecuada.

Recuerde que evaluar su infraestructura de TI existente es un proceso continuo. Revise y actualice regularmente su evaluación para adaptarse a las nuevas amenazas y tecnologías. Al hacerlo, puede asegurarse de que los sistemas de TI de su organización sean seguros y resistentes contra las amenazas cibernéticas.

Incorporación de Controles y Mejores Prácticas de Ciberseguridad

Como profesional de TI en una pequeña o mediana empresa (PyME), comprende la importancia de la ciberseguridad en el panorama digital actual. Las amenazas cibernéticas están en constante evolución y representan riesgos significativos tanto para los datos como para la reputación de su organización. Para proteger eficazmente sus sistemas e información, es vital incorporar controles y mejores prácticas de ciberseguridad en sus operaciones. Esta sección le proporcionará información y orientación sobre cómo implementar el Marco de Ciberseguridad NIST 2.0 específicamente diseñado para las PyMES.

El Marco de Ciberseguridad NIST 2.0 es un conjunto completo de pautas, estándares y mejores prácticas desarrolladas por el Instituto Nacional de Estándares y Tecnología (NIST) para mejorar la ciberseguridad en todos los sectores. Si bien se diseñó inicialmente para organizaciones más grandes, es igualmente aplicable a las PyMES. Al adoptar este marco, puede establecer una base sólida para su programa de ciberseguridad.

El primer paso para incorporar controles y mejores prácticas de ciberseguridad es realizar una evaluación exhaustiva de riesgos. Identifique y comprenda las amenazas y vulnerabilidades potenciales que enfrenta su organización. Esta evaluación lo ayudará a priorizar sus esfuerzos, asignar recursos de manera efectiva y adaptar su enfoque de ciberseguridad para abordar riesgos específicos.

Una vez que haya identificado los riesgos, puede comenzar a implementar los controles y las mejores prácticas necesarias. Esto puede implicar establecer políticas y procedimientos, capacitar a los empleados y desplegar tecnologías de seguridad. El Marco de Ciberseguridad NIST 2.0 proporciona un conjunto completo de funciones, categorías y subcategorías que pueden guiarlo en la selección e implementación de controles apropiados.

Un aspecto crucial de la ciberseguridad es el monitoreo y la mejora continua. Las amenazas cibernéticas evolucionan constantemente y sus defensas deben mantenerse al día. Evalúe regularmente su postura de ciberseguridad, monitoree cualquier anomalía o actividad sospechosa y actualice sus controles en consecuencia. Manténgase informado sobre las últimas tendencias, vulnerabilidades y mejores prácticas de ciberseguridad para garantizar que su organización permanezca protegida.

Incorporar controles y mejores prácticas de ciberseguridad no es un esfuerzo único; requiere compromiso y dedicación continua. Involucre a las partes interesadas, incluida la gerencia, los empleados y los proveedores externos, para construir una cultura de ciberseguridad dentro de su organización. Fomente el intercambio de información y la colaboración para fortalecer sus defensas colectivamente.

Al adoptar el Marco de Ciberseguridad NIST 2.0, los profesionales de TI de las PyMES pueden salvaguardar eficazmente a sus organizaciones contra las amenazas cibernéticas. La implementación de controles y mejores prácticas de ciberseguridad no solo ayudará a proteger sus datos y sistemas confidenciales, sino que también mejorará la resiliencia general de su organización. Manténgase proactivo, adáptese a las amenazas emergentes y mejore continuamente su postura de ciberseguridad para garantizar un entorno digital seguro para su PyME.

Aseguramiento de Activos de Red y Datos

El Marco de Ciberseguridad NIST 2.0 brinda una guía completa para que las organizaciones, incluyendo las pequeñas y medianas empresas (PyMES), protejan sus activos de red y datos en el entorno digital actual. Esta sección se enfoca en cómo los profesionales de TI pueden utilizar este marco para implementar medidas de seguridad efectivas y salvaguardar la información crítica de su organización.

Identificación de activos críticos

El primer paso para asegurar los activos de red y datos es identificar aquellos que son fundamentales para las operaciones y el éxito de la organización. Esto implica realizar un inventario exhaustivo de todos los dispositivos, sistemas, aplicaciones y bases de datos que almacenan, procesan o transmiten información sensible. Los profesionales de TI deben clasificar estos activos según su criticidad y establecer prioridades de protección.

Evaluación de riesgos y vulnerabilidades

Una vez identificados los activos críticos, es esencial evaluar los riesgos y vulnerabilidades asociados a ellos. Esto implica analizar las amenazas potenciales, tanto internas como externas, que podrían comprometer la confidencialidad, integridad y disponibilidad de los activos de red y datos. Los profesionales de TI deben realizar evaluaciones periódicas de riesgos y pruebas de vulnerabilidad para identificar y abordar las debilidades en la seguridad de la organización.

Implementación de controles de seguridad

Basándose en los resultados de la evaluación de riesgos, los profesionales de TI deben implementar controles de seguridad adecuados para proteger los activos de red y datos. Esto incluye medidas como:

1. **Firewalls y segmentación de red:** Implementar firewalls robustos y segmentar la red en zonas de seguridad para controlar el tráfico y limitar el acceso no autorizado.

2. **Cifrado de datos:** Utilizar algoritmos de cifrado fuertes para proteger los datos sensibles tanto en tránsito como en reposo, asegurando que solo las partes autorizadas puedan acceder a ellos.

3. **Control de acceso:** Establecer políticas y procedimientos de control de acceso basados en el principio de mínimo privilegio, otorgando a los usuarios solo los permisos necesarios para realizar sus tareas.

4. **Monitoreo y detección de intrusiones:** Implementar sistemas de monitoreo y detección de intrusiones para identificar y responder rápidamente a actividades sospechosas o anomalías en la red.

5. **Copias de seguridad y recuperación:** Realizar copias de seguridad

regulares de los datos críticos y probar los procedimientos de recuperación para garantizar la disponibilidad y la capacidad de restauración en caso de un incidente.

Educación y concientización

La seguridad de los activos de red y datos no solo depende de las medidas técnicas, sino también de la concientización y educación de los empleados. Los profesionales de TI deben desarrollar programas de capacitación y concientización sobre ciberseguridad para todos los miembros de la organización. Esto incluye enseñar mejores prácticas como la creación de contraseñas seguras, la identificación de correos electrónicos de phishing y la importancia de manejar adecuadamente la información confidencial.

Gestión de incidentes y respuesta

A pesar de las medidas de seguridad implementadas, siempre existe la posibilidad de que ocurra un incidente de ciberseguridad. Los profesionales de TI deben establecer un plan de respuesta a incidentes bien definido que incluya la detección, contención, erradicación y recuperación. Es crucial contar con un equipo de respuesta a incidentes capacitado y realizar ejercicios regulares para poner a prueba y mejorar la capacidad de la organización para manejar incidentes de manera efectiva.

Mejora continua

La seguridad de los activos de red y datos no es un esfuerzo único, sino un proceso continuo. Los profesionales de TI deben monitorear y revisar regularmente la efectividad de los controles de seguridad implementados, así como mantenerse al tanto de las últimas amenazas y tendencias en ciberseguridad. La realización de auditorías periódicas y la participación en programas de intercambio de información pueden ayudar a identificar áreas de mejora y garantizar que la organización se mantenga resiliente frente a los riesgos cibernéticos en constante evolución.

Al seguir las pautas del Marco de Ciberseguridad NIST 2.0 y adoptar un enfoque integral para el aseguramiento de los activos de red y datos, los profesionales de TI en las PyMES pueden fortalecer significativamente la postura de ciberseguridad de su organización. Esto no solo ayuda a proteger la información crítica, sino que también fomenta la confianza de los clientes y garantiza la continuidad del negocio en el entorno digital actual.

Implementación de Controles de Acceso y Mecanismos de Autenticación

En la era digital actual, garantizar la seguridad de la información confidencial se ha convertido en una preocupación crítica para todas las organizaciones, incluidas las pequeñas y medianas empresas (PyMES). El Marco de Ciberseguridad NIST 2.0 se ha convertido en un enfoque integral para abordar los desafíos de ciberseguridad que enfrentan las PyMES. Esta sección se centra en la implementación de controles de acceso y mecanismos de autenticación, que son componentes vitales de una estrategia de ciberseguridad sólida.

Los controles de acceso desempeñan un papel crucial en la protección de los datos organizativos del acceso no autorizado. Al implementar controles de acceso, los profesionales de TI pueden restringir el acceso del usuario a información confidencial basándose en reglas y privilegios predefinidos. Esto asegura que solo las personas autorizadas puedan ver, modificar o eliminar datos críticos, reduciendo el riesgo de violaciones de datos y amenazas internas. Los controles de acceso se pueden implementar en varios niveles, como controles de acceso físico, controles de acceso a la red y controles de acceso a nivel de aplicación. Los profesionales de TI deben diseñar y hacer cumplir cuidadosamente estos controles en función de las necesidades y requisitos específicos de sus organizaciones.

Los mecanismos de autenticación, por otro lado, verifican la identidad de las personas que buscan acceso a datos o sistemas confidenciales. Estos mecanismos incluyen contraseñas, tarjetas inteligentes, biométricos y autenticación multifactor. Implementar mecanismos de autenticación robustos es crucial para prevenir el acceso no autorizado y protegerse contra el robo de identidad. Los profesionales de TI deben aplicar políticas de contraseñas seguras, fomentar el uso de la autenticación multifactor y actualizar regularmente los mecanismos de autenticación para mantenerse por delante de las amenazas cibernéticas en evolución.

Al implementar controles de acceso y mecanismos de autenticación, los profesionales de TI deben considerar los desafíos únicos que enfrentan las PyMES. Los recursos limitados, las restricciones presupuestarias y la falta de equipos dedicados de ciberseguridad pueden dificultar que las PyMES implementen y mantengan medidas de seguridad integrales. Sin embargo, el Marco de Ciberseguridad NIST 2.0 proporciona una guía práctica adaptada a las necesidades de las PyMES, ayudándoles a priorizar e implementar controles de acceso y mecanismos de autenticación efectivos dentro de los recursos disponibles.

A continuación, se presenta una guía paso a paso para que las PyMES implementen estos controles de manera efectiva:

1. Identificación de activos críticos

El primer paso es identificar los activos de información críticos que requieren protección. Esto incluye sistemas, aplicaciones, bases de datos y archivos que contienen datos sensibles o son esenciales para las operaciones de la empresa. Las PyMES deben realizar un inventario exhaustivo y clasificar estos activos según su nivel de criticidad.

2. Evaluación de riesgos

A continuación, las PyMES deben evaluar los riesgos asociados a cada activo crítico. Esto implica identificar las amenazas potenciales, como accesos no autorizados, fugas de datos o ataques cibernéticos, y determinar el impacto que tendrían en la organización si se materializaran. Esta evaluación ayudará a priorizar los esfuerzos de seguridad y asignar recursos de manera efectiva.

3. Desarrollo de políticas de control de acceso

Basándose en la evaluación de riesgos, las PyMES deben desarrollar políticas claras de control de acceso que definan quién puede acceder a qué recursos y bajo qué circunstancias. Estas políticas deben seguir el principio de mínimo privilegio, otorgando a los usuarios solo los permisos necesarios para realizar sus tareas. Además, es importante establecer procedimientos para la gestión de cuentas de usuario, incluyendo la creación, modificación y eliminación de accesos.

4. Implementación de mecanismos de autenticación

Para garantizar que solo los usuarios autorizados accedan a los recursos, las PyMES deben implementar mecanismos de autenticación sólidos. Esto puede incluir el uso de contraseñas seguras, autenticación de múltiples factores (MFA) y protocolos de inicio de sesión único (SSO). Es crucial capacitar a los empleados sobre las mejores prácticas de gestión de contraseñas y concientizarlos sobre la importancia de proteger sus credenciales.

5. Monitoreo y auditoría

Una vez implementados los controles de acceso y los mecanismos de autenticación, las PyMES deben establecer procesos de monitoreo y auditoría para detectar y responder a cualquier actividad sospechosa o violación de seguridad. Esto puede incluir el uso de herramientas de monitoreo de seguridad, registros de auditoría y alertas en tiempo real. Es importante revisar regularmente los registros y realizar auditorías periódicas para identificar brechas de seguridad y oportunidades de mejora.

6. Revisión y actualización continua

La ciberseguridad es un proceso continuo, y las PyMES deben revisar y actualizar regularmente sus controles de acceso y mecanismos de autenticación para mantenerse al día con las amenazas cambiantes y las mejores prácticas de la industria. Esto implica mantenerse informado sobre las últimas tendencias de ciberseguridad, participar en programas de capacitación y colaborar con expertos en seguridad cuando sea necesario.

Al seguir estos pasos y aprovechar la guía proporcionada por el Marco de Ciberseguridad NIST 2.0, las PyMES pueden implementar controles de acceso y mecanismos de autenticación efectivos que se ajusten a sus recursos y necesidades específicas. Esto les permitirá proteger sus activos críticos, mitigar los riesgos de accesos no autorizados y fortalecer su postura general de ciberseguridad.

Aseguramiento de la Configuración Segura de Sistemas y Software

En el panorama digital actual, donde las amenazas cibernéticas se vuelven cada vez más sofisticadas, es imperativo que los profesionales de TI prioricen la configuración segura de sistemas y software. Descuidar este aspecto crucial de la ciberseguridad deja a las organizaciones vulnerables a posibles brechas, fugas de datos y accesos no autorizados. Para abordar estas preocupaciones, el Marco de Ciberseguridad NIST 2.0 proporciona pautas integrales específicamente adaptadas para las pequeñas y medianas empresas (PyMES).

La configuración segura implica establecer y mantener una línea base segura para los sistemas y el software, asegurando que todos los componentes estén configurados correctamente para minimizar las vulnerabilidades potenciales. Al seguir las pautas descritas en el Marco de Ciberseguridad NIST 2.0, los profesionales de TI pueden mejorar significativamente la postura de seguridad de sus organizaciones.

Uno de los primeros pasos para garantizar una configuración segura es identificar y documentar la configuración deseada para los sistemas y el software. Esto implica definir la configuración de seguridad, los controles de acceso y los permisos que se alinean con las políticas de seguridad y los requisitos regulatorios de la organización. Al documentar claramente la configuración deseada, los profesionales de TI pueden garantizar la consistencia en todos los sistemas y software dentro de la organización.

Una vez que se establece la configuración deseada, los profesionales de TI deben implementar un sólido proceso de gestión de cambios. Este proceso implica revisar y aprobar cuidadosamente cualquier cambio en la configuración, asegurando que se alinee con los objetivos de seguridad de la organización. La revisión y actualización periódica de la configuración es esencial para adaptarse a las amenazas y vulnerabilidades en evolución.

El monitoreo continuo juega un papel crucial en el mantenimiento de la configuración segura de sistemas y software. Los profesionales de TI deben implementar herramientas y procesos automatizados para escanear y evaluar regularmente la configuración, identificando cualquier desviación o vulnerabilidad. Además, las evaluaciones periódicas de vulnerabilidades y las pruebas de penetración pueden ayudar a identificar posibles debilidades en la configuración y proporcionar información para su remediación.

La concienciación y capacitación de los empleados también son vitales para garantizar una configuración segura. Los profesionales de TI deben educar a los miembros del personal sobre la importancia de adherirse a las políticas de configuración segura de la organización y proporcionar capacitación sobre cómo configurar los sistemas y el software de manera segura. Los programas regulares de concienciación sobre seguridad pueden ayudar a reducir los errores humanos y mejorar la higiene general de seguridad.

En conclusión, garantizar la configuración segura de los sistemas y el software es un componente esencial de una estrategia sólida de ciberseguridad para las PyMES. Al seguir las pautas descritas en el Marco de Ciberseguridad NIST 2.0, los profesionales de TI pueden establecer una base sólida para asegurar los activos digitales de su organización y protegerse contra las amenazas cibernéticas. La implementación de configuraciones seguras, el mantenimiento de los procesos de gestión de cambios, la realización de un monitoreo continuo y la priorización de la concienciación y capacitación de los empleados son pasos críticos para lograr un entorno de TI seguro y resistente.

Establecimiento de Procedimientos de Respuesta y Recuperación ante Incidentes

En el panorama digital actual, las amenazas cibernéticas se han convertido en una realidad omnipresente para las organizaciones de todos los tamaños. Las pequeñas y medianas empresas (PyMES) no son una excepción, ya que a menudo carecen de los recursos y la experiencia para combatir eficazmente estas amenazas. Para abordar este desafío, el Instituto Nacional de Estándares y Tecnología (NIST) ha desarrollado el Marco de Ciberseguridad 2.0 específicamente adaptado para las PyMES. Esta sección tiene como objetivo guiar a los profesionales de TI en las PyMES sobre el establecimiento de procedimientos de respuesta y recuperación ante incidentes basados en el Marco de Ciberseguridad NIST 2.0.

La respuesta a incidentes es el proceso de identificar, responder y mitigar el impacto de un incidente de ciberseguridad. Es crucial que las PyMES tengan procedimientos de respuesta a incidentes bien definidos para minimizar el daño potencial causado por los ciberataques. El primer paso para establecer procedimientos de respuesta a incidentes es desarrollar un plan de respuesta a incidentes (IRP). El IRP debe delinear los roles y responsabilidades del equipo de respuesta a incidentes, definir el proceso de clasificación y escalamiento de incidentes, y proporcionar pautas para la comunicación y coordinación durante un incidente.

Para alinear los procedimientos de respuesta a incidentes con el Marco de Ciberseguridad NIST 2.0, las PyMES deben seguir las cinco funciones principales: Identificar, Proteger, Detectar, Responder y Recuperar. La función "Identificar" implica comprender el perfil de riesgo de la organización y establecer una línea base para la detección y respuesta a incidentes. La función "Proteger" se enfoca en implementar salva-guardas para protegerse contra posibles amenazas cibernéticas. La función "Detectar" implica el monitoreo y análisis continuo del entorno de TI para identificar posibles incidentes de seguridad. La función "Responder" se ocupa de las acciones tomadas para mitigar el impacto de un incidente y restaurar las operaciones normales. Finalmente, la función "Recuperar" se centra en restaurar los sistemas y datos a su estado anterior al incidente e implementar medidas para evitar incidentes similares en el futuro.

Además de establecer procedimientos de respuesta a incidentes, las PyMES también deben priorizar los procedimientos de recuperación para garantizar la continuidad del negocio. Esto incluye realizar copias de seguridad periódicas de datos críticos, implementar planes de recuperación ante desastres y probar la efectividad de estos planes. Al tener procedimientos de recuperación sólidos, las PyMES pueden minimizar el tiempo de inactividad y las pérdidas financieras asociadas con los incidentes cibernéticos.

En conclusión, establecer procedimientos de respuesta y recuperación ante incidentes es esencial para que las PyMES aborden eficazmente las amenazas cibernéticas. Al seguir el Marco de Ciberseguridad NIST 2.0 e implementar las cinco funciones principales, los profesionales de TI en las PyMES pueden desarrollar planes integrales de respuesta y recuperación ante incidentes. Esto les permitirá detectar, responder y recuperarse de incidentes de ciberseguridad de manera oportuna y eficiente, salvaguardando los datos confidenciales de su organización y garantizando la continuidad del negocio.

Capítulo 6: Capacitación y Concientización para Profesionales de TI en las PyMES

Importancia de la Formación en Ciberseguridad

En la era digital actual, donde la tecnología desempeña un papel vital en todos los aspectos de nuestras vidas, la necesidad de medidas sólidas de ciberseguridad se ha vuelto más crítica que nunca. Como profesionales de TI, es primordial que entendamos la importancia de la formación en ciberseguridad y sus implicaciones para las pequeñas y medianas empresas (PyMES). Esta sección profundizará en la importancia de la formación en ciberseguridad específicamente en el contexto del Marco de Ciberseguridad NIST 2.0 para las PyMES.

El Marco de Ciberseguridad NIST 2.0 proporciona un enfoque integral y flexible para gestionar y mitigar los riesgos de ciberseguridad. Sin embargo, incluso el marco más avanzado se vuelve ineficaz si las personas responsables de su implementación carecen de las habilidades y conocimientos necesarios. Aquí es donde la formación en ciberseguridad se vuelve indispensable.

En primer lugar, la formación en ciberseguridad equipa a los profesionales de TI con la experiencia necesaria para identificar posibles amenazas y vulnerabilidades. Les proporciona una comprensión profunda de los últimos vectores de ataque, malware y técnicas de ingeniería social empleadas por los ciberdelincuentes. Al mantenerse actualizados con las tendencias y prácticas emergentes, los profesionales de TI pueden identificar y abordar de manera proactiva las brechas de seguridad dentro de las PyMES, evitando posibles violaciones antes de que ocurran.

La formación también permite a los profesionales de TI desarrollar planes sólidos de respuesta a incidentes. Los ciberataques no son una cuestión de "si" sino de "cuándo". En el desafortunado caso de una violación, contar con un equipo de respuesta a incidentes bien preparado puede reducir significativamente el daño causado y acelerar el proceso de recuperación. La formación en ciberseguridad capacita a los profesionales de TI para coordinar eficazmente con otras partes interesadas, evaluar el alcance de la violación e implementar las contramedidas adecuadas de manera oportuna.

Además, la formación en ciberseguridad fomenta una cultura de concienciación sobre la seguridad dentro de las PyMES. Los empleados son a menudo el eslabón más débil en la cadena de ciberseguridad, abriendo involuntariamente la puerta a los atacantes a través de correos electrónicos de phishing o contraseñas débiles. Al educar a los empleados sobre la importancia de la ciberseguridad y las mejores prácticas, los profesionales de TI pueden empoderarlos para que se conviertan en la primera línea de defensa. Las sesiones de formación periódicas, los talleres y los ejercicios simulados de phishing pueden mejorar significativamente la postura general de seguridad de las PyMES.

La formación en ciberseguridad es de suma importancia para los profesionales de TI que trabajan con el Marco de Ciberseguridad NIST 2.0 en las PyMES. Los equipa con las habilidades y conocimientos necesarios para identificar amenazas, desarrollar planes de respuesta a incidentes y fomentar una cultura de concienciación sobre la seguridad. Al invertir en formación en ciberseguridad, las PyMES pueden reducir significativamente el riesgo de ciberataques, proteger datos confidenciales y preservar la confianza de sus clientes y partes interesadas.

Diseño y Entrega de Programas de Formación Efectivos

En el panorama digital en rápida evolución de hoy en día, la importancia de la ciberseguridad no puede subestimarse, especialmente para las pequeñas y medianas empresas (PyMES). El Marco de Ciberseguridad NIST 2.0 proporciona una guía completa para que los profesionales de TI en las PyMES fortalezcan su postura de ciberseguridad. Un aspecto crucial de la implementación de este marco es el diseño y la entrega de programas de formación efectivos.

Los programas de formación desempeñan un papel fundamental en equipar a los profesionales de TI con los conocimientos y habilidades necesarios para identificar, prevenir y responder a las amenazas cibernéticas. Esta sección profundiza en las consideraciones clave y las mejores prácticas para diseñar y entregar programas de formación que se alineen con el Marco de Ciberseguridad NIST 2.0 y se adapten específicamente a las necesidades de las PyMES.

Para comenzar, es esencial realizar una evaluación exhaustiva de las prácticas actuales de ciberseguridad de la organización e identificar cualquier brecha o debilidad. Esta evaluación servirá como base para diseñar un programa de formación integral y adaptado. Al comprender los desafíos específicos que enfrentan las PyMES, los profesionales de TI pueden desarrollar módulos de formación específicos que aborden estas preocupaciones únicas.

Al diseñar el programa de formación, es crucial garantizar que el contenido sea fácilmente comprensible y relacionable para los profesionales de TI en las PyMES. Evitar la jerga técnica y centrarse en ejemplos prácticos y escenarios del mundo real mejorará el compromiso y la retención de conocimientos. Además, la incorporación de elementos interactivos como cuestionarios, estudios de casos y ejercicios prácticos fomentará la participación activa y reforzará el aprendizaje.

El programa de formación debe cubrir todas las áreas relevantes del Marco de Ciberseguridad NIST 2.0, incluyendo la evaluación de riesgos, la identificación de amenazas, la respuesta a incidentes y la concienciación sobre la seguridad. También debe enfatizar la importancia de fomentar una cultura de ciberseguridad dentro de la organización, alentando a los empleados a estar atentos y proactivos en la protección de la información confidencial.

Los métodos de entrega de los programas de formación pueden variar, dependiendo del tamaño, los recursos y las preferencias de la organización. Las opciones pueden incluir talleres presenciales, seminarios web, módulos en línea o una combinación de estos enfoques. Elegir el método de entrega más adecuado es crucial para maximizar la efectividad y el alcance del programa de formación.

Se deben incorporar mecanismos regulares de evaluación y retroalimentación en el programa de formación para evaluar su impacto e identificar áreas de mejora. Este ciclo de retroalimentación permitirá a los profesionales de TI mejorar continuamente sus conocimientos y habilidades en ciberseguridad.

En conclusión, diseñar y entregar programas de formación efectivos es vital para los profesionales de TI que buscan implementar el Marco de Ciberseguridad NIST 2.0 en las PyMES. Al adaptar el contenido, utilizar elementos interactivos e incorporar mecanismos de evaluación, los profesionales de TI pueden garantizar que sus programas de formación capaciten a las PyMES para fortalecer sus defensas de ciberseguridad y mitigar los riesgos potenciales.

Promoción de la Concientización sobre Ciberseguridad entre los Profesionales de TI

En el panorama digital actual, donde las amenazas cibernéticas se vuelven cada vez más sofisticadas y generalizadas, es crucial que los profesionales de TI tengan una sólida comprensión de los principios y prácticas de ciberseguridad. El Marco de Ciberseguridad NIST 2.0 proporciona una guía completa adaptada específicamente a las necesidades de las pequeñas y medianas empresas (PyMES), equipando a los profesionales de TI con las herramientas necesarias para implementar medidas efectivas de ciberseguridad.

Esta sección tiene como objetivo resaltar la importancia de promover la concientización sobre ciberseguridad entre los profesionales de TI y describe estrategias clave para lograr este objetivo. Al mejorar el conocimiento y las habilidades de los profesionales de TI, las organizaciones pueden fortalecer significativamente su postura general de ciberseguridad y proteger mejor sus datos y sistemas confidenciales.

En primer lugar, es esencial proporcionar programas de formación integrales que cubran los fundamentos de la ciberseguridad. Estos programas deben profundizar en temas como inteligencia de amenazas, evaluación de vulnerabilidades, respuesta a incidentes y prácticas de codificación segura. Al impartir este conocimiento, los profesionales de TI pueden comprender mejor los diversos vectores de ataque y desarrollar estrategias proactivas para mitigar los riesgos potenciales.

Por otra parte, las organizaciones deben fomentar una cultura de concienciación sobre ciberseguridad entre sus profesionales de TI. Esto se puede lograr a través de sesiones regulares de comunicación y formación que enfaticen la importancia de la ciberseguridad y las posibles consecuencias de una violación. Al inculcar un sentido de responsabilidad y propiedad, los profesionales de TI pueden contribuir activamente a mantener un entorno seguro y actuar como la primera línea de defensa contra las amenazas cibernéticas.

Además, la colaboración y el intercambio de conocimientos desempeñan un papel vital en la promoción de la concienciación sobre ciberseguridad entre los profesionales de TI. Fomentar la participación en conferencias, talleres y foros de la industria permite a los profesionales mantenerse actualizados con las últimas tendencias, mejores prácticas y amenazas emergentes. Además, aprovechar los canales de comunicación interna, como foros en línea y plataformas de intercambio de conocimientos, facilita el intercambio de ideas y experiencias, fomentando una cultura de aprendizaje y mejora continua.

Por último, las organizaciones deben considerar la implementación de programas de incentivos y reconocimiento para motivar a los profesionales de TI a participar activamente en iniciativas de ciberseguridad. Reconocer y recompensar sus esfuerzos no solo aumenta la moral, sino que también refuerza la importancia de la ciberseguridad dentro de la organización.

En resúmen, promover la concienciación sobre ciberseguridad entre los profesionales de TI es primordial para que las PyMES protejan eficazmente sus activos digitales. Al proporcionar una formación integral, fomentar una cultura de concienciación sobre ciberseguridad, alentar la colaboración e implementar programas de incentivos, las organizaciones pueden capacitar a sus profesionales de TI para que se conviertan en defensores proactivos contra las amenazas cibernéticas. Solo a través de una fuerza laboral unida y educada, las PyMES pueden navegar con éxito el complejo panorama de la ciberseguridad y proteger sus activos de información críticos.

Aprendizaje Continuo y Desarrollo de Habilidades

En el panorama digital en rápida evolución de hoy en día, el aprendizaje continuo y el desarrollo de habilidades se han vuelto críticos para los profesionales de TI, especialmente para aquellos que trabajan en pequeñas y medianas empresas (PyMES). Con la aparición de nuevas amenazas y vulnerabilidades, es esencial que los profesionales de TI se mantengan actualizados con las últimas prácticas y tecnologías de ciberseguridad. Esta sección profundizará en la importancia del aprendizaje continuo y el desarrollo de habilidades en el contexto del Marco de Ciberseguridad NIST 2.0 para las PyMES.

El aprendizaje continuo desempeña un papel vital en la mejora de las habilidades y conocimientos de ciberseguridad. Con el panorama de amenazas en constante cambio, los profesionales de TI deben mantenerse actualizados con las últimas técnicas de ataque, vulnerabilidades y mecanismos de defensa. Al asistir regularmente a programas de formación, seminarios web y talleres, los profesionales de TI pueden adquirir nuevas habilidades y conocimientos para abordar eficazmente las amenazas cibernéticas emergentes. Además, obtener certificaciones reconocidas por la industria, como Certified Information Systems Security Professional (CISSP) o Certified Information Security Manager (CISM), puede validar la experiencia de uno y mejorar la credibilidad profesional.

Además, el desarrollo de habilidades no debe limitarse solo a los aspectos técnicos. Los profesionales de TI también deben desarrollar habilidades no técnicas como comunicación, resolución de problemas y liderazgo, ya que son esenciales para colaborar eficazmente con otras partes interesadas dentro de la organización. Las habilidades de comunicación efectivas pueden ayudar a cerrar la brecha entre el personal técnico y no técnico, facilitando una mejor comprensión e implementación de las prácticas de ciberseguridad.

Las PyMES a menudo enfrentan limitaciones de recursos, lo que dificulta la asignación de equipos dedicados de ciberseguridad. En tales casos, se espera que los profesionales de TI usen varios sombreros y manejen diversas responsabilidades. El aprendizaje continuo y el desarrollo de habilidades permiten a los profesionales de TI adaptarse a estos entornos dinámicos al equiparlos con los conocimientos y la experiencia necesarios para abordar eficazmente los desafíos de ciberseguridad.

En conclusión, el aprendizaje continuo y el desarrollo de habilidades son indispensables para los profesionales de TI que trabajan dentro del sector de las PyMES en la implementación del Marco de Ciberseguridad NIST 2.0. Al mantenerse actualizados con las últimas prácticas de ciberseguridad, adquirir certificaciones de la industria y desarrollar habilidades tanto técnicas como no técnicas, los profesionales de TI pueden contribuir eficazmente a la postura de ciberseguridad de sus organizaciones. Adoptar una cultura de aprendizaje continuo no solo mejora el crecimiento profesional individual, sino que también fortalece la resiliencia general de ciberseguridad de las PyMES frente a las amenazas en evolución.

Capítulo 7: Mantenimiento y Mejora de la Ciberseguridad en las PyMES

Establecimiento de un Plan de Mantenimiento de Ciberseguridad

En el panorama en constante evolución de las amenazas de ciberseguridad, es crucial que las pequeñas y medianas empresas (PyMES) establezcan un plan sólido de mantenimiento de ciberseguridad. El Marco de Ciberseguridad NIST 2.0 proporciona una guía completa para que los profesionales de TI en las PyMES mejoren su postura de ciberseguridad y protejan sus valiosos activos de posibles violaciones.

Un plan de mantenimiento de ciberseguridad es un enfoque proactivo que implica evaluaciones, actualizaciones y mejoras regulares para garantizar la efectividad de las medidas de seguridad de una organización. Al seguir este plan, los profesionales de TI pueden identificar y abordar vulnerabilidades, implementar los controles necesarios y mantenerse por delante de las amenazas emergentes.

El primer paso para establecer un plan de mantenimiento de ciberseguridad es realizar una evaluación exhaustiva de la postura de seguridad actual de la organización. Esta evaluación debe identificar riesgos potenciales, debilidades y brechas de cumplimiento. Al realizar una evaluación integral, los profesionales de TI pueden priorizar sus esfuerzos y asignar recursos de manera efectiva.

Una vez que se completa la evaluación, el siguiente paso es desarrollar una hoja de ruta para la mejora. Esta hoja de ruta debe delinear las acciones necesarias, los plazos y las responsabilidades para implementar controles de seguridad y cerrar las brechas identificadas. Es crucial involucrar a las partes interesadas clave, incluida la gerencia, el personal de TI y los departamentos relevantes, para garantizar el compromiso y el apoyo colectivo para el plan.

El monitoreo y mantenimiento regular de los controles de seguridad son vitales para garantizar su efectividad continua. Los profesionales de TI deben establecer un cronograma para revisar y actualizar las medidas de seguridad, como firewalls, software antivirus y controles de acceso. Esto incluye la gestión de parches, actualizaciones de software y revisiones de acceso de usuarios para mitigar posibles vulnerabilidades.

Además, la concientización y capacitación de los empleados juegan un papel importante en el mantenimiento de una postura sólida de ciberseguridad. Los profesionales de TI deben realizar sesiones de capacitación periódicas para educar a los empleados sobre prácticas seguras en línea, como evitar correos electrónicos de phishing, usar contraseñas seguras e informar actividades sospechosas. Al fomentar una cultura de ciberseguridad, las organizaciones pueden reducir significativamente el riesgo de que errores humanos conduzcan a violaciones de seguridad.

Por último, es esencial mantenerse informado sobre las últimas amenazas y tendencias de ciberseguridad. Los profesionales de TI deben monitorear activamente foros de seguridad, publicaciones de la industria y avisos gubernamentales para mantenerse actualizados sobre amenazas emergentes y mejores prácticas. Este conocimiento permitirá a las organizaciones adaptar su plan de mantenimiento en consecuencia y responder de manera proactiva a nuevas amenazas.

En conclusión, establecer un plan de mantenimiento de ciberseguridad basado en el Marco de Ciberseguridad NIST 2.0 es fundamental para que las PyMES protejan sus valiosos activos de las amenazas cibernéticas. Al realizar evaluaciones exhaustivas, desarrollar una hoja de ruta, monitorear regularmente los controles de seguridad y fomentar la concientización de los empleados, los profesionales de TI pueden fortalecer la postura de ciberseguridad de su organización y minimizar el riesgo de posibles violaciones. Al mantenerse informados y adaptar el plan a las amenazas en evolución, las PyMES pueden garantizar su continua resiliencia frente a un panorama de amenazas en constante cambio.

Monitoreo y Revisión de Controles de Ciberseguridad

En el panorama digital actual, la importancia de controles robustos de ciberseguridad no puede subestimarse. Las pequeñas y medianas empresas (PyMES) se están convirtiendo cada vez más en el objetivo de las amenazas cibernéticas, lo que hace crucial que los profesionales de TI implementen medidas efectivas de ciberseguridad. El Marco de Ciberseguridad NIST 2.0 proporciona una guía completa diseñada específicamente para que las PyMES protejan sus valiosos activos de los ciberataques. En esta sección, profundizaremos en el tema del monitoreo y revisión de los controles de ciberseguridad, un aspecto crítico para mantener una infraestructura de TI segura y resiliente.

El monitoreo y la revisión de los controles de ciberseguridad implican evaluar regularmente la efectividad de las medidas de seguridad implementadas y realizar los ajustes necesarios para garantizar una protección continua contra las amenazas en evolución. Este proceso proporciona información valiosa sobre la postura de seguridad general de una organización y permite a los profesionales de TI identificar y abordar las vulnerabilidades de manera oportuna.

Un aspecto clave del monitoreo y la revisión de los controles de ciberseguridad es el establecimiento de un sistema de monitoreo robusto. Esto implica implementar herramientas y procedimientos que permitan el monitoreo continuo del entorno de TI. Los profesionales de TI deben considerar implementar sistemas de detección de intrusiones (IDS), soluciones de gestión de eventos e información de seguridad (SIEM) y herramientas de análisis de tráfico de red para identificar cualquier actividad sospechosa o posible violación. La revisión regular de registros y el análisis de incidentes de seguridad pueden ayudar a detectar y responder a las amenazas de manera oportuna.

Además del monitoreo técnico, también es esencial tener un plan de respuesta a incidentes bien definido. Este plan debe delinear los pasos a seguir en caso de un incidente de seguridad, incluidos los roles y responsabilidades del personal clave, los protocolos de comunicación y las estrategias para contener y mitigar el impacto del incidente. Probar y actualizar regularmente el plan de respuesta a incidentes es crucial para garantizar su efectividad.

Además, se deben realizar evaluaciones y auditorías de seguridad periódicas para evaluar la efectividad general de los controles de ciberseguridad. Esto puede implicar la realización de escaneos de vulnerabilidades, pruebas de penetración y evaluaciones de riesgos para identificar cualquier debilidad o brecha en las medidas de seguridad. Los resultados de estas evaluaciones se pueden utilizar para guiar la mejora de los controles existentes y la implementación de medidas de seguridad adicionales si es necesario.

Al monitorear y revisar activamente los controles de ciberseguridad, los profesionales de TI en las PyMES pueden identificar y abordar de manera proactiva las vulnerabilidades, fortaleciendo su postura general de seguridad. Esta sección proporcionó orientación práctica y mejores prácticas sobre la implementación de procesos de monitoreo y revisión, asegurando que las PyMES puedan proteger eficazmente sus valiosos activos contra las amenazas cibernéticas en el panorama digital en constante evolución de hoy.

Realización de Evaluaciones de Vulnerabilidad y Pruebas de Penetración Regulares

En el panorama digital actual, ninguna organización, independientemente de su tamaño, puede darse el lujo de pasar por alto la importancia de la ciberseguridad. Las pequeñas y medianas empresas (PyMES) son particularmente vulnerables a las amenazas cibernéticas debido a sus recursos limitados y la falta de equipos dedicados de ciberseguridad. Para abordar este problema, el Instituto Nacional de Estándares y Tecnología (NIST) ha desarrollado el Marco de Ciberseguridad 2.0, específicamente adaptado para las PyMES, para ayudarles a establecer una postura sólida de ciberseguridad.

Uno de los componentes clave del Marco de Ciberseguridad NIST 2.0 es la realización de evaluaciones de vulnerabilidad y pruebas de penetración regulares. Estas actividades son cruciales para identificar y abordar posibles debilidades y vulnerabilidades en la infraestructura de TI de una organización. Al identificar de manera proactiva estas vulnerabilidades, las PyMES pueden tomar las medidas adecuadas para mitigar los riesgos y fortalecer sus defensas de ciberseguridad.

Las evaluaciones de vulnerabilidad implican escanear sistemáticamente la red, los sistemas y las aplicaciones de una organización para identificar cualquier debilidad o vulnerabilidad de seguridad que pueda ser explotada por actores de amenazas. Estas evaluaciones se pueden realizar utilizando herramientas automatizadas o contratando los servicios de profesionales de ciberseguridad. Los resultados de estas evaluaciones proporcionan información valiosa sobre la postura de seguridad de una organización, lo que permite a los profesionales de TI priorizar y abordar las vulnerabilidades según su gravedad.

Las pruebas de penetración, por otro lado, van un paso más allá al simular ciberataques del mundo real para evaluar la efectividad de los controles de seguridad de una organización. Durante las pruebas de penetración, los hackers éticos intentan explotar las vulnerabilidades identificadas en un entorno controlado. Al realizar tales pruebas, las PyMES pueden identificar posibles puntos de entrada para los atacantes y validar la efectividad de sus medidas de seguridad.

Realizar evaluaciones de vulnerabilidad y pruebas de penetración con regularidad es esencial para que las PyMES se mantengan un paso por delante de las amenazas cibernéticas. Permite a los profesionales de TI identificar y abordar proactivamente las vulnerabilidades antes de que puedan ser explotadas por actores maliciosos. Además, ayuda a las PyMES a cumplir con las regulaciones de seguridad y las mejores prácticas de la industria.

Para garantizar el éxito de las evaluaciones de vulnerabilidad y las pruebas de penetración, las PyMES deben seguir un enfoque sistemático y bien definido. Esto implica establecer metas y objetivos claros, seleccionar las herramientas y metodologías apropiadas, y documentar y analizar los resultados. También es crucial involucrar a las partes interesadas relevantes, como el personal de TI, la gerencia y los expertos externos, para garantizar una evaluación integral.

Al incorporar evaluaciones de vulnerabilidad y pruebas de penetración regulares en sus prácticas de ciberseguridad, las PyMES pueden mejorar significativamente su postura general de seguridad. La implementación del Marco de Ciberseguridad NIST 2.0 proporciona una base sólida para estas actividades, permitiendo a los profesionales de TI proteger a sus organizaciones de las amenazas cibernéticas en evolución.

Respuesta a Incidentes de Ciberseguridad

La respuesta efectiva a incidentes de ciberseguridad es crucial para minimizar el impacto de un ataque y restablecer las operaciones normales lo antes posible. El Marco de Ciberseguridad NIST 2.0 proporciona una guía detallada para que los profesionales de TI en las PyMES desarrollen y implementen un plan de respuesta a incidentes (IRP) sólido. A continuación, se profundiza en las diversas fases de la respuesta a incidentes según este marco.

1. Preparación

La fase de preparación es fundamental para garantizar que la organización esté lista para manejar un incidente de ciberseguridad. Los profesionales de TI deben desarrollar un IRP completo que documente claramente los roles, responsabilidades y procedimientos a seguir en caso de un incidente. Este plan debe abarcar áreas clave como la identificación de incidentes, la contención, la erradicación, la recuperación y las lecciones aprendidas. Además, es esencial establecer un equipo de respuesta a incidentes bien capacitado y realizar ejercicios y simulacros regulares para poner a prueba y mejorar el plan.

2. Detección y Análisis

La detección oportuna de incidentes es crucial para una respuesta efectiva. Los profesionales de TI deben implementar sistemas de monitoreo y detección robustos que puedan identificar actividades sospechosas o anomalías en tiempo real. Esto puede incluir el uso de herramientas avanzadas de inteligencia de amenazas, sistemas de detección de intrusiones (IDS) y soluciones de gestión de eventos e información de seguridad (SIEM). Una vez detectado un incidente, es necesario realizar un análisis exhaustivo para comprender su alcance, impacto y posibles vectores de ataque. Esta información es fundamental para tomar decisiones informadas sobre la contención y erradicación del incidente.

3. Contención y Erradicación

Una vez que se ha identificado y analizado un incidente, los profesionales de TI deben tomar medidas rápidas para contenerlo y evitar que se propague. Esto puede implicar el aislamiento de sistemas comprometidos, la desconexión de redes afectadas y la aplicación de parches o actualizaciones de seguridad. Es crucial documentar todos los pasos tomados y preservar cualquier evidencia que pueda ser necesaria para futuras investigaciones legales. Después de la contención, se debe trabajar en la erradicación completa de la amenaza, eliminando cualquier malware o artefacto malicioso y cerrando las vulnerabilidades explotadas.

4. Recuperación

Después de contener y erradicar la amenaza, la organización debe enfocarse en la recuperación de sus sistemas y datos. Esto implica restaurar los sistemas afectados a partir de copias de seguridad limpias, verificar la integridad de los datos y asegurarse de que todos los sistemas estén actualizados y parcheados. Es importante monitorear de cerca los sistemas restaurados en busca de cualquier actividad sospechosa y realizar pruebas exhaustivas antes de volver a poner los sistemas en producción.

5. Actividades Post-Incidente

Después de la recuperación, es crucial llevar a cabo actividades post-incidente para aprender de la experiencia y mejorar la postura de seguridad de la organización. Esto incluye realizar un análisis detallado del incidente, identificar las causas raíz y las lecciones aprendidas. Los profesionales de TI deben documentar sus hallazgos y recomendaciones en un informe post-incidente y compartirlo con las partes interesadas relevantes. Además, es importante actualizar el IRP y los procedimientos de seguridad basándose en las lecciones aprendidas para mejorar la capacidad de respuesta de la organización en el futuro.

6. Comunicación y Coordinación

A lo largo de todas las fases de la respuesta a incidentes, la comunicación y coordinación efectivas son fundamentales. Los profesionales de TI deben establecer líneas claras de comunicación con la gerencia, los equipos legales y los equipos de relaciones públicas para garantizar un enfoque unificado y minimizar el impacto en la reputación de la organización. También es esencial coordinar con proveedores externos, socios y organismos de aplicación de la ley según sea necesario.

En resumen, el Marco de Ciberseguridad NIST 2.0 proporciona una guía completa para que los profesionales de TI en las PyMES desarrollen y pongan en práctica un plan de respuesta a incidentes efectivo. Al seguir las fases clave de preparación, detección y análisis, contención y erradicación, recuperación, actividades post-incidente y comunicación y coordinación, las organizaciones pueden mejorar significativamente su capacidad para manejar incidentes de ciberseguridad y minimizar su impacto en las operaciones comerciales.

Incorporación de Lecciones Aprendidas para la Mejora Continua

La mejora continua es un aspecto crítico de cualquier marco de ciberseguridad, incluido el Marco de Ciberseguridad NIST 2.0, particularmente para las pequeñas y medianas empresas (PyMES). Aprender de experiencias pasadas e incorporar estas lecciones en prácticas futuras puede ayudar a las organizaciones a mejorar su postura de ciberseguridad y protegerse contra amenazas en evolución.

Uno de los principios clave del Marco de Ciberseguridad NIST 2.0 es la naturaleza iterativa del proceso de implementación. Enfatiza la necesidad de que las organizaciones evalúen, refinen y mejoren continuamente sus prácticas de ciberseguridad. Esta sección explora la importancia de incorporar las lecciones aprendidas en el marco para la mejora continua y proporciona orientación práctica para los profesionales de TI en las PyMES.

El primer paso en este proceso es establecer una cultura de aprendizaje y mejora dentro de la organización. Esto implica crear un entorno donde se aliente a los empleados a informar incidentes, cuasi accidentes y vulnerabilidades sin temor a culpas o castigos. Al fomentar una cultura libre de culpa, las organizaciones pueden recopilar información valiosa sobre posibles debilidades y áreas de mejora.

Una vez que se informan los incidentes y las vulnerabilidades, es crucial realizar análisis exhaustivos posteriores a los incidentes. Estos análisis deben identificar las causas fundamentales del incidente, evaluar la efectividad de los controles existentes y determinar las acciones de remediación necesarias. Al comprender los factores subyacentes que contribuyeron al incidente, las organizaciones pueden implementar mejoras específicas para evitar que ocurran incidentes similares en el futuro.

La incorporación de lecciones aprendidas también implica el monitoreo y la evaluación periódicos de la efectividad del marco de ciberseguridad. Esto podría implicar la realización de evaluaciones periódicas de riesgos, pruebas de penetración y escaneos de vulnerabilidades para identificar cualquier brecha o debilidad en los controles actuales. Al identificar y abordar proactivamente estos problemas, las organizaciones pueden fortalecer continuamente su postura de ciberseguridad.

Además, las organizaciones pueden aprovechar los recursos de la industria y participar en iniciativas de intercambio de información para aprender de las experiencias de otros. Interactuar con colegas de la industria, asistir a conferencias y unirse a comunidades de ciberseguridad puede proporcionar información valiosa sobre amenazas emergentes, mejores prácticas y lecciones aprendidas de organizaciones similares. Este enfoque colaborativo asegura que las organizaciones se mantengan al tanto de las últimas tendencias y mejoren continuamente sus prácticas de ciberseguridad.

En conclusión, incorporar las lecciones aprendidas es un componente esencial del Marco de Ciberseguridad NIST 2.0 para las PyMES. Al crear una cultura de aprendizaje, realizar análisis posteriores a los incidentes, evaluar regularmente la efectividad del marco y participar en colaboraciones de la industria, los profesionales de TI pueden impulsar la mejora continua en las prácticas de ciberseguridad de su organización. Este enfoque iterativo ayuda a las PyMES a adaptarse a las amenazas en evolución, mejorar su postura de seguridad y proteger sus valiosos activos y datos.

Capítulo 8: Cumplimiento y Certificación para las PyMES

Comprensión de los Requisitos de Cumplimiento Normativo

En el mundo cada vez más interconectado y digitalizado de hoy, la importancia de la ciberseguridad no puede subestimarse. Las pequeñas y medianas empresas (PyMES) son particularmente vulnerables a las amenazas cibernéticas debido a recursos y experiencia limitados. Para abordar estos desafíos, el Instituto Nacional de Estándares y Tecnología (NIST) desarrolló el Marco de Ciberseguridad NIST 2.0. Esta guía completa está específicamente adaptada para ayudar a los profesionales de TI en las PyMES a implementar medidas efectivas de ciberseguridad.

Un aspecto crucial de la ciberseguridad es el cumplimiento normativo. El cumplimiento de las normas y estándares relevantes garantiza que las organizaciones se adhieran a requisitos de seguridad específicos. La falta de cumplimiento no solo pone en riesgo los datos confidenciales, sino que también expone a las PyMES a consecuencias legales y financieras. Esta sección proporcionará a los profesionales de TI una clara comprensión de los requisitos de cumplimiento normativo dentro del contexto del Marco de Ciberseguridad NIST 2.0.

El primer paso para comprender el cumplimiento normativo es identificar las normas y estándares aplicables. Dependiendo de la industria y la ubicación geográfica, las PyMES pueden estar sujetas a diversas regulaciones como el Reglamento General de Protección de Datos (GDPR), la Ley de Portabilidad y Responsabilidad del Seguro Médico (HIPAA) o el Estándar de Seguridad de Datos de la Industria de Tarjetas de Pago (PCI DSS). Los profesionales de TI deben familiarizarse con estas regulaciones para garantizar el cumplimiento.

Una vez que se identifican las normas relevantes, los profesionales de TI deben interpretar e implementar los controles y medidas necesarios. Los requisitos de cumplimiento a menudo incluyen elementos como evaluaciones de riesgos, controles de acceso, planes de respuesta a incidentes y mecanismos de protección de datos. Comprender estos requisitos es esencial para desarrollar una estrategia integral de ciberseguridad que se alinee con los estándares normativos.

Además, los profesionales de TI deben mantenerse actualizados sobre los cambios en las normas y estándares. Los requisitos de cumplimiento evolucionan constantemente para abordar las amenazas y tecnologías emergentes. Monitorear regularmente las actualizaciones y revisiones asegura que las organizaciones permanezcan en cumplimiento y bien preparadas contra posibles amenazas cibernéticas.

Importancia de la documentación y el mantenimiento de registros en la ciberseguridad de las PyMEs

Introducción:

La documentación y el mantenimiento de registros son aspectos fundamentales de la ciberseguridad en las PyMEs. No solo son esenciales para demostrar el cumplimiento normativo, sino que también desempeñan un papel crucial en la mejora continua del programa de seguridad de la empresa.

Cumplimiento normativo:

Muchas regulaciones, como la Ley de Protección de Datos Personales (LOPD) o el Esquema Nacional de Seguridad (ENS), exigen que las PyMEs mantengan registros detallados de sus medidas de seguridad. Estos registros pueden incluir:

- Políticas de seguridad
- Procedimientos de respuesta a incidentes
- Informes de auditorías de seguridad
- Registros de actividades de seguridad

La falta de documentación adecuada puede exponer a la empresa a multas y sanciones, además de dificultar la defensa en caso de un incidente de seguridad.

Mejora continua:

La documentación y el mantenimiento de registros permiten a las PyMEs:

- **Identificar áreas de mejora:** Al revisar los registros de seguridad, las empresas pueden identificar las áreas donde las medidas de seguridad son deficientes y tomar medidas para mejorarlas.
- **Aprender de los errores:** Los registros de incidentes de seguridad

ayudan a las empresas a comprender las causas de los incidentes y a implementar medidas para prevenir su recurrencia.

- **Demostrar la eficacia del programa de seguridad:** La documentación robusta permite a las empresas demostrar a las partes interesadas, como clientes, proveedores o inversores, que se está tomando en serio la seguridad.

Desarrollo de un proceso de documentación:

Para garantizar la eficacia de la documentación y el mantenimiento de registros, las PyMEs deben desarrollar un proceso sólido que incluya:

- **Definición de los tipos de registros que se necesitan:** Las empresas deben identificar qué información se debe documentar y con qué frecuencia.
- **Establecimiento de un sistema de almacenamiento:** Los registros deben almacenarse de forma segura y accesible para su consulta.
- **Definición de responsabilidades:** Se debe asignar la responsabilidad de la creación, el mantenimiento y la actualización de los registros a diferentes personas o equipos.
- **Implementación de un proceso de revisión:** Los registros deben revisarse de forma regular para garantizar que sean precisos y actualizados.

Al comprender los requisitos de cumplimiento normativo dentro del contexto del Marco de Ciberseguridad NIST 2.0, los profesionales de TI en las PyMES pueden proteger eficazmente a sus organizaciones contra las amenazas cibernéticas. El cumplimiento no solo mejora la seguridad, sino que también genera confianza con los clientes y socios. Esta sección equipa a los profesionales de TI con el conocimiento y las herramientas necesarias para navegar el complejo panorama del cumplimiento normativo y crear un entorno digital seguro para sus PyMES.

Programas de Certificación del Marco de Ciberseguridad NIST para PyMES

El Marco de Ciberseguridad del NIST (National Institute of Standards and Technology) es una guía completa para mejorar la postura de seguridad de una organización, incluyendo las PyMEs. El Marco ofrece un enfoque flexible y escalable que puede adaptarse a las necesidades de cualquier empresa, independientemente de su tamaño o sector.

Programas de certificación:

Existen diversos programas de certificación que se basan en el Marco de Ciberseguridad del NIST y están diseñados específicamente para PyMEs:

- **Programa de Validación del Marco de Ciberseguridad (CMVP):** Este programa permite a las PyMEs demostrar que han implementado las prácticas del Marco de manera efectiva. El CMVP ofrece tres niveles de certificación: Nivel 1 (Preparación), Nivel 2 (Implementación) y Nivel 3 (Optimización).
- **Programa de Reconocimiento de Socios de Ciberseguridad (CSRP):** Este programa reconoce a las organizaciones que ofrecen productos y servicios que se alinean con el Marco de Ciberseguridad del NIST. El CSRP puede ayudar a las PyMEs a encontrar soluciones de seguridad confiables y compatibles con el Marco.

Beneficios de la certificación:

Obtener una certificación del Marco de Ciberseguridad del NIST puede ofrecer a las PyMEs diversos beneficios, como:

- **Mejora de la postura de seguridad:** La certificación demuestra que la empresa ha implementado las mejores prácticas de seguridad.
- **Aumento de la confianza de los clientes:** Los clientes estarán más seguros de hacer negocios con una empresa que está certificada por el NIST.
- **Reducción del riesgo de ciberataques:** La implementación del Marco de Ciberseguridad puede ayudar a las PyMEs a prevenir y mitigar los ciberataques.
- **Mejora de la eficiencia operativa:** El Marco de Ciberseguridad puede ayudar a las PyMEs a optimizar sus procesos de seguridad y reducir costos.

Los programas de certificación del Marco de Ciberseguridad del NIST son una excelente manera para que las PyMEs demuestren su compromiso con la seguridad y obtengan diversos beneficios. La certificación puede ayudar a las PyMEs a mejorar su postura de seguridad, aumentar la confianza de los clientes, reducir el riesgo de ciberataques y mejorar la eficiencia operativa.

Logro del Cumplimiento y la Certificación en las PyMES

En la era digital actual, las pequeñas y medianas empresas (PyMES) enfrentan crecientes desafíos de ciberseguridad. Con el aumento de las amenazas cibernéticas y el potencial de consecuencias devastadoras asociadas con violaciones de datos y ciberataques, se ha vuelto imperativo para las PyMES priorizar la ciberseguridad. Para ayudar a las PyMES a navegar por este complejo panorama, el Instituto Nacional de Estándares y Tecnología (NIST) ha desarrollado el Marco de Ciberseguridad (CSF) 2.0, específicamente adaptado para PyMES.

El cumplimiento con el NIST CSF 2.0 es crucial para las PyMES, ya que establece una base sólida para las prácticas de ciberseguridad. Ayuda a las organizaciones a identificar y priorizar sus riesgos de ciberseguridad, proteger sus valiosos activos, detectar posibles amenazas, responder de manera efectiva a los incidentes y recuperarse rápidamente en caso de una violación. El cumplimiento con el marco también demuestra un compromiso con la ciberseguridad, lo que puede mejorar la reputación de la organización y generar confianza con los clientes, socios y partes interesadas.

La certificación es un paso adicional que las PyMES pueden tomar para validar aún más sus esfuerzos de ciberseguridad. Si bien la certificación no es obligatoria, puede proporcionar una ventaja competitiva al demostrar a los clientes e inversores que la organización ha cumplido con los estrictos requisitos de ciberseguridad establecidos por el NIST CSF 2.0. Obtener la certificación también puede abrir puertas a nuevas oportunidades de negocios, ya que muchas agencias gubernamentales y organizaciones más grandes requieren que sus proveedores y socios estén certificados.

Para lograr el cumplimiento y la certificación, los profesionales de TI en las PyMES deben seguir un enfoque sistemático. Esta sección describe los pasos clave involucrados, incluyendo la realización de una evaluación exhaustiva de riesgos, el establecimiento de políticas y procedimientos de ciberseguridad, la implementación de controles técnicos, la capacitación del personal y el monitoreo y mejora continua del programa de ciberseguridad. También abordará los desafíos que las PyMES pueden encontrar durante el proceso de cumplimiento y certificación y proporcionará consejos prácticos para superarlos.

Guía paso a paso para PyMEs

Alcanzar el cumplimiento y la certificación en ciberseguridad es un objetivo crucial para las PyMEs que buscan proteger sus activos y mejorar su postura de seguridad. Para lograr este objetivo, los profesionales de TI deben seguir un enfoque sistemático que abarca diversos pasos clave.

1. Evaluación de riesgos:

- Realizar una evaluación exhaustiva de riesgos para identificar las amenazas y vulnerabilidades específicas a las que se enfrenta la PyME.
- Priorizar los riesgos y determinar los controles de seguridad necesarios para mitigarlos.

2. Políticas y procedimientos:

- Establecer políticas y procedimientos de ciberseguridad claros y concisos que definan las responsabilidades de los empleados y los procesos para la gestión de la seguridad.

3. Controles técnicos:

- Implementar una variedad de controles técnicos, como firewalls, antivirus y sistemas de detección de intrusiones, para proteger los sistemas y datos de la empresa.

4. Capacitación:

- Brindar capacitación regular al personal sobre las políticas y procedimientos de seguridad, así como sobre las mejores prácticas para la seguridad individual.

5. Monitoreo y mejora:

- Monitorear y evaluar continuamente el programa de ciberseguridad para identificar áreas de mejora y realizar los ajustes necesarios.

Desafíos comunes:

- **Recursos limitados:** Las PyMEs suelen tener recursos financieros y humanos limitados para dedicar a la ciberseguridad.
- **Falta de experiencia:** Es posible que el personal de TI no tenga la experiencia o el conocimiento necesarios para implementar y gestionar un programa de ciberseguridad completo.
- **Complejidad de las regulaciones:** Las regulaciones de ciberseguridad pueden ser complejas y difíciles de entender para las PyMEs.

Consejos prácticos:

- **Priorizar las medidas de seguridad:** Enfócate en implementar las medidas de seguridad que tengan el mayor impacto en la reducción del riesgo.
- **Aprovechar recursos gratuitos:** Existen diversos recursos gratuitos disponibles para ayudar a las PyMEs a mejorar su ciberseguridad, como el Marco de Ciberseguridad del NIST.
- **Buscar ayuda externa:** Si la PyME no cuenta con los recursos internos necesarios, puede considerar contratar a un consultor o proveedor de servicios de ciberseguridad.

Lograr el cumplimiento y la certificación en ciberseguridad no es una tarea fácil, pero es fundamental para proteger a las PyMEs de las amenazas cibernéticas. Siguiendo un enfoque sistemático y abordando los desafíos comunes, las PyMEs pueden mejorar significativamente su postura de seguridad y aumentar su confianza en el mundo digital.

Mantenimiento del Cumplimiento y la Certificación

En el panorama digital actual, la ciberseguridad es de suma importancia para que las pequeñas y medianas empresas (PyMES) protejan su información confidencial y mantengan la confianza de sus clientes. Un marco efectivo que las PyMES pueden adoptar para mejorar su postura de ciberseguridad es el Marco de Ciberseguridad NIST 2.0. Esta sección profundizará en los aspectos cruciales del mantenimiento del cumplimiento y la certificación dentro del marco, proporcionando a los profesionales de TI una guía práctica sobre cómo garantizar la adherencia de su organización a los estándares de ciberseguridad.

Para empezar, el cumplimiento se refiere al proceso de ajustarse a un conjunto de reglas y regulaciones predefinidas. En el contexto del Marco de Ciberseguridad NIST 2.0, el cumplimiento implica alinear las prácticas de ciberseguridad de una organización con las funciones centrales del marco: Identificar, Proteger, Detectar, Responder y Recuperar. Los profesionales de TI deben familiarizarse con los requisitos y recomendaciones específicos descritos en cada función, asegurando que su PyME esté implementando los controles y medidas necesarios para mitigar eficazmente los riesgos cibernéticos.

La certificación, por otro lado, proporciona un reconocimiento formal del cumplimiento de una organización con los estándares de ciberseguridad. Si bien la certificación no es obligatoria según el Marco de Ciberseguridad NIST 2.0, obtener una validación externa puede mejorar significativamente la reputación de una PyME y demostrar su compromiso de proteger la información confidencial. Los profesionales de TI deben explorar varios programas de certificación disponibles para PyMES, como ISO 27001 o la certificación del Marco de Ciberseguridad NIST, y evaluar su idoneidad para las necesidades de su organización.

Para mantener el cumplimiento y la certificación, los profesionales de TI deben adoptar un enfoque proactivo de la ciberseguridad. Esto implica revisar y actualizar regularmente las políticas, procedimientos y controles de ciberseguridad de su organización para alinearse con el panorama de amenazas en evolución. Realizar evaluaciones periódicas de riesgos y escaneos de vulnerabilidades puede ayudar a identificar posibles debilidades en la infraestructura de seguridad de la PyME, permitiendo a los profesionales de TI priorizar y abordar estas vulnerabilidades de manera oportuna.

Además, el monitoreo y la auditoría continuos desempeñan un papel vital en el mantenimiento del cumplimiento y la certificación. Los profesionales de TI deben establecer mecanismos de monitoreo robustos para detectar y responder a incidentes de seguridad potenciales de manera oportuna. La implementación de sistemas de gestión de eventos e información de seguridad (SIEM), sistemas de detección de intrusiones (IDS) y la realización de auditorías periódicas pueden proporcionar información valiosa sobre la efectividad de las medidas de ciberseguridad de la PyME.

Por otra parte, los profesionales de TI deben establecer una cultura de concientización sobre ciberseguridad dentro de la organización. Realizar sesiones de capacitación y talleres regulares puede educar a los empleados sobre la importancia de adherirse a las políticas y mejores prácticas de ciberseguridad. Al empoderar a los empleados para que se conviertan en la primera línea de defensa contra las amenazas cibernéticas, las PyMES pueden minimizar el riesgo de violaciones de seguridad internas.

En conclusión, mantener el cumplimiento y la certificación dentro del Marco de Ciberseguridad NIST 2.0 es vital para los profesionales de TI en las PyMES. Al adherirse a las funciones centrales del marco, explorar programas de certificación, adoptar un enfoque proactivo de la ciberseguridad, monitorear y auditar continuamente, y fomentar una cultura de concientización sobre la ciberseguridad, los profesionales de TI pueden garantizar que su organización permanezca segura y resiliente frente a las amenazas cibernéticas en evolución.

Capítulo 9: Casos de Estudio: Implementación Exitosa del Marco de Ciberseguridad NIST 2.0 en las PyMES

Caso de Estudio 1: Compañía XYZ

Introducción:

En esta sección, exploraremos un caso de estudio de la vida real de la Compañía XYZ, una pequeña y mediana empresa (PyME), para comprender cómo implementaron con éxito el Marco de Ciberseguridad NIST 2.0. Este caso de estudio sirve como un ejemplo valioso para los profesionales de TI que buscan mejorar la ciberseguridad en sus propias organizaciones.

Antecedentes de la Compañía XYZ:

La Compañía XYZ es una PyME en rápido crecimiento que opera en la industria tecnológica. A medida que su negocio se expandía, se dieron cuenta de la creciente necesidad de proteger sus datos confidenciales y activos digitales de posibles amenazas cibernéticas. Reconociendo la importancia de un marco sólido de ciberseguridad, decidieron implementar el Marco de Ciberseguridad NIST 2.0.

Desafíos enfrentados:

La Compañía XYZ enfrentó varios desafíos durante su viaje de implementación de ciberseguridad. Recursos limitados, falta de experiencia y un panorama de amenazas dinámico fueron algunos de los obstáculos que encontraron. Sin embargo, estaban decididos a superar estos desafíos y salvaguardar su organización de las amenazas cibernéticas.

Implementación del Marco de Ciberseguridad NIST 2.0:

La Compañía XYZ comenzó su proceso de implementación realizando una evaluación integral de su postura de ciberseguridad existente. Esta evaluación ayudó a identificar vulnerabilidades y áreas de mejora. Luego alinearon sus objetivos de ciberseguridad con las funciones centrales del Marco de Ciberseguridad NIST, a saber, Identificar, Proteger, Detectar, Responder y Recuperar.

Bajo la función Identificar, la Compañía XYZ se centró en la gestión de activos, la evaluación de riesgos y las estrategias de gestión de riesgos. Clasificaron sus activos de datos según su criticidad e implementaron controles de acceso y medidas de encriptación adecuados para protegerlos.

Para la función Proteger, la Compañía XYZ implementó controles de seguridad robustos como firewalls, sistemas de detección de intrusiones y software antivirus. También hicieron hincapié en la capacitación de concientización de los empleados para garantizar que todos comprendieran su papel en el mantenimiento de un entorno seguro.

La función Detectar implicó capacidades de monitoreo continuo y respuesta a incidentes. La Compañía XYZ empleó herramientas avanzadas de detección de amenazas y estableció un equipo de respuesta a incidentes para abordar de inmediato cualquier incidente o violación de seguridad.

Bajo la función Responder, la Compañía XYZ creó un plan de respuesta a incidentes y realizó simulacros regulares de ciberseguridad para probar su preparación. También establecieron alianzas sólidas con expertos externos en ciberseguridad para obtener apoyo adicional cuando fuera necesario.

Por último, la función Recuperar se centró en desarrollar una estrategia sólida de respaldo y recuperación. La Compañía XYZ implementó copias de seguridad regulares de datos y probó sus procesos de restauración para garantizar la continuidad del negocio en caso de un incidente cibernético.

Conclusión:

La implementación exitosa del Marco de Ciberseguridad NIST 2.0 por parte de la Compañía XYZ muestra la efectividad de este marco para las PyMES. Al abordar sus desafíos específicos y alinear sus esfuerzos de ciberseguridad con las funciones centrales del marco, la Compañía XYZ pudo mejorar significativamente su postura de ciberseguridad. Los profesionales de TI pueden inspirarse en este caso de estudio al implementar el Marco de Ciberseguridad NIST 2.0 en sus propias organizaciones, garantizando en última instancia la protección de activos valiosos y mitigando los riesgos cibernéticos.

Caso de Estudio 2: Corporación ABC

En esta sección, nos sumergiremos en un caso de estudio de la vida real de la Corporación ABC, una pequeña y mediana empresa (PyME), y su viaje de implementación del Marco de Ciberseguridad NIST 2.0. Este caso de estudio tiene como objetivo proporcionar información valiosa y lecciones prácticas para los profesionales de TI en las PyMES que buscan mejorar su postura de ciberseguridad utilizando el marco.

La Corporación ABC, una organización basada en la tecnología, reconoció la necesidad de reforzar sus prácticas de ciberseguridad para salvaguardar los datos confidenciales de los clientes y proteger su negocio de posibles amenazas cibernéticas. Decidieron adoptar el Marco de Ciberseguridad NIST 2.0 debido a sus mejores prácticas de la industria y su enfoque integral para la gestión de riesgos de ciberseguridad.

El primer paso para la Corporación ABC fue evaluar su postura actual de ciberseguridad frente a las funciones centrales del marco: Identificar, Proteger, Detectar, Responder y Recuperar. A través de una evaluación exhaustiva, identificaron brechas y vulnerabilidades en sus medidas de seguridad existentes. Esta evaluación sirvió como base para su plan de mejora de la ciberseguridad.

Para abordar las brechas identificadas, la Corporación ABC asignó recursos dedicados para implementar los controles y salvaguardas necesarios. Mejoraron su seguridad de red implementando un firewall robusto y un sistema de detección de intrusiones. Además, adoptaron métodos avanzados de autenticación para protegerse contra el acceso no autorizado. La empresa también invirtió en programas de capacitación en ciberseguridad para empleados para crear conciencia y garantizar que todos comprendieran su papel en el mantenimiento de un entorno seguro.

Un aspecto crucial de la implementación de la Corporación ABC fue el establecimiento de procedimientos efectivos de respuesta y recuperación de incidentes. Desarrollaron un plan detallado de respuesta a incidentes que describía los pasos a seguir en caso de un incidente de ciberseguridad. Se realizaron ejercicios regulares de simulación para probar la eficiencia de sus procedimientos de respuesta a incidentes e identificar áreas de mejora.

Además, la Corporación ABC reconoció la importancia del monitoreo y la evaluación continua de sus medidas de ciberseguridad. Implementaron herramientas de gestión de eventos e información de seguridad (SIEM) para detectar y responder de inmediato a cualquier actividad sospechosa. Se realizaron evaluaciones periódicas de vulnerabilidad y pruebas de penetración para identificar cualquier debilidad en sus sistemas y aplicaciones.

Al adoptar el Marco de Ciberseguridad NIST 2.0, la Corporación ABC mejoró significativamente su postura de ciberseguridad. Su enfoque proactivo aseguró que estuvieran bien preparados para mitigar los riesgos potenciales y responder de manera efectiva a cualquier incidente. El proceso de implementación también les ayudó a generar confianza con los clientes y obtener una ventaja competitiva.

Este caso de estudio destaca la implementación exitosa del Marco de Ciberseguridad NIST 2.0 por parte de la Corporación ABC. Sirve como un ejemplo práctico para los profesionales de TI en las PyMES que buscan mejorar sus prácticas de ciberseguridad. Al seguir sus pasos, las organizaciones pueden lograr un marco de ciberseguridad sólido y resiliente que proteja sus activos y salvaguarde sus operaciones comerciales.

Caso de Estudio 3: Empresas DEF

Introducción:

En esta sección, profundizaremos en un caso de estudio de la vida real de Empresas DEF, una pequeña y mediana empresa (PyME) que implementó con éxito el Marco de Ciberseguridad NIST 2.0. Este caso de estudio destaca la aplicación práctica del marco en un escenario del mundo real, proporcionando información valiosa para los profesionales de TI que trabajan en PyMES.

Antecedentes:

Empresas DEF, una empresa de tecnología de rápido crecimiento, reconoció la importancia de la ciberseguridad para proteger sus datos confidenciales y mantener la confianza de sus clientes. Como profesional de TI, comprender el Marco de Ciberseguridad NIST 2.0 fue crucial para que Empresas DEF evaluara su postura actual de ciberseguridad y estableciera un programa de seguridad sólido.

Desafíos enfrentados:

Empresas DEF enfrentó varios desafíos antes de implementar el marco. Carecían de una comprensión integral de sus riesgos de ciberseguridad, luchaban con recursos limitados y tenían dificultades para alinear sus esfuerzos de seguridad con los objetivos comerciales. Además, necesitaban cumplir con varias regulaciones de la industria.

Implementación del Marco de Ciberseguridad NIST 2.0:

Para abordar estos desafíos, Empresas DEF adoptó el Marco de Ciberseguridad NIST 2.0. Comenzaron realizando una evaluación exhaustiva de sus prácticas actuales de ciberseguridad, identificando vulnerabilidades y amenazas potenciales. Esta evaluación les ayudó a priorizar sus esfuerzos de seguridad y asignar recursos de manera efectiva.

A continuación, Empresas DEF desarrolló un plan personalizado de ciberseguridad, alineándolo con sus objetivos comerciales. Implementaron las funciones centrales del marco: Identificar, Proteger, Detectar, Responder y Recuperar. Al centrarse en estas funciones, pudieron establecer una defensa sólida contra las amenazas cibernéticas, asegurando al mismo tiempo capacidades continuas de monitoreo y respuesta a incidentes.

Resultados y beneficios:

La implementación del Marco de Ciberseguridad NIST 2.0 trajo numerosos beneficios a Empresas DEF. En primer lugar, proporcionó un enfoque claro y estructurado para gestionar los riesgos de ciberseguridad. Al identificar y abordar las vulnerabilidades, Empresas DEF redujo significativamente la probabilidad de violaciones de datos y ciberataques.

En segundo lugar, el marco ayudó a Empresas DEF a alinear sus esfuerzos de seguridad con las regulaciones de la industria, garantizando el cumplimiento y evitando posibles sanciones. Esto mejoró su reputación e infundió confianza en sus clientes y socios.

Además, Empresas DEF experimentó una mayor eficiencia operativa y un tiempo de inactividad reducido al implementar los controles de seguridad recomendados por el marco. Adoptaron las mejores prácticas para el desarrollo seguro de software, la protección de la red y la gestión de acceso, lo que resultó en una infraestructura de TI más resistente y robusta.

Conclusión:

La implementación exitosa del Marco de Ciberseguridad NIST 2.0 por parte de Empresas DEF destaca la efectividad del marco para las PyMES. Este caso de estudio sirve como inspiración y guía práctica para los profesionales de TI que trabajan en PyMES, mostrando los beneficios de adoptar el marco para fortalecer las defensas de ciberseguridad, cumplir con las regulaciones y salvaguardar los activos comerciales críticos. Al seguir el ejemplo de Empresas DEF, los profesionales de TI pueden aprovechar el Marco de Ciberseguridad NIST 2.0 para proteger a sus organizaciones de las amenazas cibernéticas en evolución y construir una cultura de seguridad dentro de sus PyMES.

Capítulo 10: Tendencias Futuras y Desafíos Emergentes en la Ciberseguridad de las PyMES

Evolución del Panorama de Amenazas para las PyMES

En la era digital actual, las pequeñas y medianas empresas (PyMES) se están convirtiendo cada vez más en objetivos de los ciberdelincuentes. A medida que la tecnología continúa avanzando y las empresas dependen más de los sistemas interconectados, el panorama de amenazas está en constante evolución. Esta sección tiene como objetivo arrojar luz sobre los desafíos y riesgos que enfrentan las PyMES en términos de ciberseguridad y cómo el Marco de Ciberseguridad NIST 2.0 puede ayudar a los profesionales de TI a navegar de manera efectiva en este panorama.

Las PyMES a menudo asumen que es menos probable que sean atacadas debido a su tamaño o recursos limitados. Sin embargo, esta suposición errónea puede resultar perjudicial. De hecho, los ciberdelincuentes a menudo ven a las PyMES como objetivos fáciles precisamente porque pueden carecer de medidas sólidas de ciberseguridad y tener presupuestos limitados para implementar soluciones de seguridad integrales. Esta sección enfatiza la importancia de comprender la naturaleza evolutiva de las amenazas cibernéticas y la necesidad de medidas proactivas de ciberseguridad.

El panorama de amenazas en constante cambio presenta varios desafíos para los profesionales de TI en las PyMES. Uno de los desafíos clave es la aparición de nuevos vectores de ataque. Los ciberdelincuentes encuentran continuamente nuevas formas de explotar vulnerabilidades en software, redes y dispositivos. Los profesionales de TI deben mantenerse actualizados con las últimas amenazas y vulnerabilidades para proteger eficazmente a sus organizaciones.

Además, la creciente sofisticación de los ciberataques plantea otro desafío. Los atacantes están aprovechando técnicas avanzadas como la ingeniería social, el ransomware y los exploits de día cero para violar las defensas de las PyMES. Los profesionales de TI deben estar equipados con el conocimiento y las herramientas para mitigar estas amenazas de manera efectiva.

El Marco de Ciberseguridad NIST 2.0 proporciona a las PyMES una guía completa para abordar estos desafíos. Ofrece un enfoque basado en riesgos para la ciberseguridad, permitiendo a los profesionales de TI priorizar sus esfuerzos según las necesidades específicas de la organización. Al seguir este marco, las PyMES pueden identificar y gestionar riesgos, establecer políticas y procedimientos de seguridad sólidos, detectar y responder a incidentes de ciberseguridad, y mejorar continuamente su postura de ciberseguridad.

Al adoptar el Marco de Ciberseguridad NIST 2.0, los profesionales de

TI en las PyMES pueden navegar con confianza en el panorama de amenazas en evolución, garantizando la seguridad y resiliencia de sus organizaciones.

Futuras Actualizaciones y Revisiones del Marco de Ciberseguridad NIST 2.0

A medida que la tecnología continúa evolucionando y las amenazas cibernéticas se vuelven más sofisticadas, es esencial que los profesionales de TI se mantengan actualizados con los últimos desarrollos en ciberseguridad. El Instituto Nacional de Estándares y Tecnología (NIST) reconoce la importancia de adaptarse a estos cambios y actualiza y revisa regularmente su marco de ciberseguridad para brindar la protección más efectiva a las organizaciones, particularmente a las pequeñas y medianas empresas (PyMES).

El Marco de Ciberseguridad NIST 2.0 ha sido diseñado específicamente para abordar los desafíos únicos que enfrentan las PyMES al proteger sus activos digitales. Ofrece un enfoque integral que permite a las organizaciones identificar, proteger, detectar, responder y recuperarse de las amenazas cibernéticas. El marco proporciona un conjunto flexible y escalable de pautas y mejores prácticas que se pueden adaptar para satisfacer las necesidades y recursos específicos de las PyMES.

Para garantizar la relevancia y efectividad continuas del Marco de Ciberseguridad NIST 2.0, NIST se compromete a realizar actualizaciones y revisiones periódicas. Estas actualizaciones están impulsadas por una variedad de factores, incluidas las amenazas emergentes, los cambios en la tecnología y los comentarios de la comunidad de ciberseguridad.

Uno de los objetivos clave de las actualizaciones y revisiones futuras es mejorar la usabilidad y practicidad del marco para las PyMES. NIST reconoce que las PyMES a menudo enfrentan limitaciones de recursos y pueden no tener equipos dedicados de ciberseguridad. Por lo tanto, las actualizaciones futuras se centrarán en proporcionar una guía clara y accionable que pueda ser implementada fácilmente por las PyMES, independientemente de su nivel de experiencia en ciberseguridad.

Otro aspecto importante de las actualizaciones futuras es abordar las amenazas y vulnerabilidades emergentes. El panorama de la ciberseguridad está en constante evolución, y se descubren regularmente nuevos vectores y técnicas de ataque. NIST tiene como objetivo mantenerse por delante de estas amenazas emergentes y proporcionar a las PyMES las herramientas y el conocimiento necesarios para proteger sus sistemas y datos de manera efectiva.

Además, las revisiones futuras tendrán en cuenta las tecnologías en evolución, como la computación en la nube, el Internet de las cosas (IoT) y la inteligencia artificial (IA). Estas tecnologías traen sus propios desafíos únicos de ciberseguridad, y NIST tiene como objetivo garantizar que el marco siga siendo relevante y adaptable al cambiante panorama tecnológico.

En conclusión, las futuras actualizaciones y revisiones del Marco de Ciberseguridad NIST 2.0 son cruciales para los profesionales de TI en las PyMES. Al mantenerse al tanto de los últimos desarrollos, los profesionales de TI pueden proteger mejor a sus organizaciones de las amenazas emergentes y garantizar la seguridad de sus activos digitales. El compromiso de NIST con las actualizaciones y revisiones periódicas refleja su dedicación a apoyar y empoderar a las PyMES en sus esfuerzos de ciberseguridad.

Tecnologías Emergentes y su Impacto en la Ciberseguridad de las PyMES

A medida que la tecnología continúa avanzando a un ritmo sin precedentes, las pequeñas y medianas empresas (PyMES) enfrentan nuevos desafíos en lo que respecta a la ciberseguridad. La creciente adopción de tecnologías emergentes trae tanto oportunidades como riesgos para estas empresas. Esta sección explora el impacto de las tecnologías emergentes en la ciberseguridad de las PyMES y proporciona ideas y recomendaciones para los profesionales de TI en las PyMES que están implementando el Marco de Ciberseguridad NIST 2.0.

La computación en la nube se ha convertido en un componente esencial para muchas PyMES, proporcionando almacenamiento y potencia de cómputo rentables. Sin embargo, esta dependencia de los servicios en la nube introduce nuevas vulnerabilidades, como violaciones de datos y acceso no autorizado. Los profesionales de TI deben garantizar que se implementen las medidas de seguridad adecuadas, como el cifrado y los controles de acceso, para proteger los datos confidenciales almacenados en la nube.

El Internet de las cosas (IoT) es otra tecnología emergente que presenta desafíos únicos de ciberseguridad para las PyMES. Con la proliferación de dispositivos conectados, las PyMES enfrentan una mayor superficie de ataque, lo que las convierte en objetivos atractivos para los ciberdelincuentes. Los profesionales de TI deben implementar medidas de seguridad sólidas, incluida una autenticación sólida y segmentación de red, para protegerse contra las amenazas relacionadas con el IoT.

Las tecnologías de inteligencia artificial (IA) y aprendizaje automático

(ML) ofrecen soluciones prometedoras para la ciberseguridad, pero también introducen nuevos riesgos. Las herramientas basadas en IA pueden ayudar a detectar y responder a las amenazas de manera más eficiente, pero también pueden ser manipuladas por los ciberdelincuentes para eludir las medidas de seguridad tradicionales. Los profesionales de TI deben mantenerse actualizados con los últimos avances en IA y ML y asegurarse de que estas tecnologías se integren de manera segura en su estrategia de ciberseguridad.

La tecnología blockchain, conocida por su naturaleza descentralizada y transparente, puede mejorar la seguridad de las PyMES. Al aprovechar blockchain, los profesionales de TI pueden mejorar la integridad de los datos y reducir el riesgo de manipulación. Sin embargo, también deben ser conscientes de las posibles vulnerabilidades asociadas con los contratos inteligentes e implementar los controles de seguridad adecuados.

Por último, los profesionales de TI deben prestar atención a la convergencia de los sistemas de tecnología operativa (OT) y tecnología de la información (TI). A medida que las PyMES dependen cada vez más de los sistemas OT, como los sistemas de fabricación y control industrial, para impulsar la eficiencia, la integración de estos sistemas con las redes de TI introduce nuevas amenazas cibernéticas. Es crucial que los profesionales de TI establezcan una segmentación de red sólida e implementen medidas de seguridad específicas para los sistemas OT para mitigar estos riesgos.

En conclusión, las tecnologías emergentes traen tanto beneficios como desafíos para la ciberseguridad de las PyMES. Los profesionales de TI en las PyMES deben ser proactivos en la comprensión y el abordaje de estos desafíos para proteger a sus organizaciones de las amenazas cibernéticas en evolución. Al incorporar las recomendaciones proporcionadas en esta sección e implementar el Marco de Ciberseguridad NIST 2.0, los profesionales de TI pueden mejorar la postura de ciberseguridad de sus PyMES y garantizar el éxito y crecimiento continuo de sus negocios.

Desafíos Anticipados y Estrategias para la Ciberseguridad de las PyMES

A medida que las pequeñas y medianas empresas (PyMES) dependen cada vez más de la infraestructura digital, la necesidad de medidas sólidas de ciberseguridad se vuelve primordial. Sin embargo, las PyMES a menudo enfrentan desafíos únicos al implementar prácticas efectivas de ciberseguridad. Esta sección tiene como objetivo arrojar luz sobre los desafíos anticipados que las PyMES pueden encontrar en su viaje de ciberseguridad y proporcionar estrategias para superarlos, todo dentro del contexto del Marco de Ciberseguridad NIST 2.0.

Uno de los desafíos clave para las PyMES son los recursos limitados, tanto en términos de presupuesto como de personal. A diferencia de las organizaciones más grandes, las PyMES a menudo luchan por asignar fondos y mano de obra suficientes a las iniciativas de ciberseguridad. Este desafío puede abordarse adoptando estrategias rentables, como aprovechar herramientas de seguridad de código abierto, utilizar soluciones de seguridad basadas en la nube y subcontratar ciertas funciones de ciberseguridad a proveedores externos de confianza.

Otro desafío es la falta de conciencia y comprensión de los riesgos de ciberseguridad entre los empleados. Las PyMES deben invertir en programas de capacitación en ciberseguridad para educar a su personal sobre las mejores prácticas, como la gestión de contraseñas seguras, el reconocimiento de intentos de phishing y la actualización periódica del software. Al fomentar una cultura de conciencia sobre la ciberseguridad, las PyMES pueden reducir significativamente el riesgo de amenazas internas y ataques de ingeniería social.

Las PyMES también enfrentan el desafío de mantenerse al día con el panorama de amenazas en constante evolución. Los hackers se están volviendo cada vez más sofisticados y se descubren regularmente nuevas vulnerabilidades. Para mitigar este desafío, las PyMES deben establecer un programa sólido de gestión de vulnerabilidades que incluya evaluaciones periódicas de vulnerabilidades y gestión de parches. Además, es crucial mantenerse informado sobre las amenazas emergentes y las mejores prácticas de la industria a través de la participación en foros de intercambio de información y la suscripción a publicaciones relevantes de ciberseguridad.

El cumplimiento de los requisitos reglamentarios es otro desafío que las PyMES deben abordar. El Marco de Ciberseguridad NIST 2.0 proporciona una hoja de ruta valiosa para que las PyMES logren el cumplimiento. Al realizar una evaluación exhaustiva de su postura actual de ciberseguridad, las PyMES pueden identificar brechas y desarrollar un plan de acción priorizado. Este plan debe incluir evaluaciones de riesgos periódicas, la implementación de controles apropiados y el monitoreo continuo de los controles de seguridad para garantizar el cumplimiento de las regulaciones pertinentes.

En conclusión, las PyMES enfrentan desafíos únicos en la implementación de prácticas efectivas de ciberseguridad. Sin embargo, al comprender y anticipar estos desafíos, los profesionales de TI en las PyMES pueden desarrollar estrategias personalizadas para mitigar los riesgos. El Marco de Ciberseguridad NIST 2.0 proporciona una guía completa para que las PyMES establezcan una base sólida de ciberseguridad. Al adoptar medidas rentables, fomentar la conciencia sobre la ciberseguridad, mantenerse alerta ante las amenazas emergentes y garantizar el cumplimiento de los requisitos reglamentarios, las PyMES pueden mejorar su postura de ciberseguridad y proteger sus valiosos activos contra las amenazas cibernéticas.

Capítulo 11: Conclusión y Puntos Clave

Recapitulación del Proceso de Implementación del Marco de Ciberseguridad NIST 2.0

En esta sección, proporcionaremos una recapitulación completa del proceso de implementación del Marco de Ciberseguridad NIST 2.0, específicamente adaptado para profesionales de TI en Pequeñas y Medianas Empresas (PyMES). El Marco de Ciberseguridad NIST 2.0 ofrece un enfoque estructurado y flexible para gestionar y mejorar la ciberseguridad dentro de las organizaciones, y se ha convertido en un recurso esencial para empresas de todos los tamaños.

El proceso de implementación se puede dividir en varios pasos clave:

1. Comprender el Marco: Antes de sumergirse en el proceso de implementación, es crucial que los profesionales de TI tengan una comprensión sólida del Marco de Ciberseguridad NIST 2.0. Esto incluye familiarizarse con las cinco funciones principales (Identificar, Proteger, Detectar, Responder, Recuperar) y las categorías y subcategorías que las acompañan.

2. Evaluar la postura actual de ciberseguridad: Las PyMES deben realizar una evaluación de su postura actual de ciberseguridad para identificar fortalezas, debilidades y áreas que requieren mejora. Esta evaluación debe cubrir la infraestructura técnica, las políticas y procedimientos, la conciencia de los empleados y cualquier control de seguridad existente.

3. Análisis de brechas: Después de evaluar la postura actual de ciberseguridad, los profesionales de TI deben realizar un análisis de brechas para determinar dónde la organización se queda corta en el cumplimiento de los objetivos de ciberseguridad deseados descritos en el Marco. Este análisis ayudará a identificar las áreas que necesitan atención inmediata y priorizar las acciones en consecuencia.

4. Desarrollo de un plan de implementación: Basado en el análisis de brechas, se debe desarrollar un plan de implementación. Este plan debe delinear las acciones e iniciativas específicas necesarias para abordar las brechas identificadas. También debe incluir un cronograma, asignación de recursos y responsabilidades asignadas a varios individuos o equipos dentro de la organización.

5. Implementación de controles y medidas: Este paso implica la implementación de los controles y medidas necesarios para abordar las brechas identificadas. Esto puede incluir el fortalecimiento de los controles de acceso, la implementación de autenticación de múltiples factores, la realización de evaluaciones periódicas de vulnerabilidad y el establecimiento de protocolos de respuesta a incidentes, entre otras acciones.

6. Monitoreo y revisión: Una vez que se hayan implementado los controles y medidas, es esencial establecer un proceso de monitoreo y revisión para garantizar la eficacia continua. Esto incluye evaluaciones de riesgos regulares, monitoreo continuo de los controles de seguridad y revisiones periódicas del plan de implementación para adaptarse a las amenazas y necesidades comerciales en evolución.

7. Mejora continua: El Marco de Ciberseguridad NIST 2.0 enfatiza la importancia de la mejora continua. Los profesionales de TI deben esforzarse por evaluar y mejorar continuamente su postura de ciberseguridad manteniéndose actualizados sobre las amenazas emergentes, las tecnologías y las mejores prácticas. También se deben realizar programas regulares de capacitación y concientización para garantizar que los empleados estén equipados con el conocimiento y las habilidades necesarias para mitigar los riesgos.

Al seguir estos pasos, los profesionales de TI en las PyMES pueden implementar con éxito el Marco de Ciberseguridad NIST 2.0 y mejorar la postura de ciberseguridad de su organización. Es importante recordar que la ciberseguridad es un proceso continuo que requiere evaluaciones, actualizaciones y adaptaciones regulares para mantenerse resiliente frente a las amenazas en constante evolución.

Lecciones Clave Aprendidas por los Profesionales de TI en las PyMES

En el panorama digital actual, las pequeñas y medianas empresas (PyMES) enfrentan numerosos desafíos de ciberseguridad que pueden tener un impacto significativo en sus operaciones y reputación. La implementación del Marco de Ciberseguridad NIST 2.0 proporciona una guía completa para que los profesionales de TI en las PyMES mejoren su postura de ciberseguridad. Esta sección tiene como objetivo destacar las lecciones clave aprendidas por los profesionales de TI en las PyMES al implementar el Marco de Ciberseguridad NIST 2.0.

Lección 1: Comprender el panorama de amenazas

Una de las principales lecciones aprendidas es la importancia de comprender el panorama de amenazas en evolución. Los profesionales de TI en las PyMES deben mantenerse actualizados con las últimas amenazas, vulnerabilidades y técnicas de ataque de ciberseguridad. Este conocimiento les permite identificar riesgos potenciales e implementar controles de seguridad adecuados dentro de sus organizaciones.

Lección 2: Evaluación y gestión de riesgos

La implementación del Marco de Ciberseguridad NIST 2.0 enfatiza la importancia de realizar evaluaciones de riesgos periódicas. Los profesionales de TI en las PyMES deben evaluar sus sistemas, redes y datos para identificar vulnerabilidades y priorizar los esfuerzos de mitigación. Al comprender su exposición al riesgo, pueden asignar recursos de manera efectiva e implementar controles que se alineen con sus objetivos comerciales.

Lección 3: Construir una cultura de ciberseguridad

Crear una cultura de ciberseguridad dentro de una organización es crucial. Los profesionales de TI en las PyMES deben centrarse en educar y capacitar a los empleados sobre las mejores prácticas de ciberseguridad. Esto incluye crear conciencia sobre ataques de phishing, higiene de contraseñas y la importancia de actualizar regularmente el software. Al involucrar a todos en la organización, los profesionales de TI pueden establecer una defensa sólida contra las amenazas cibernéticas.

Lección 4: Monitoreo y respuesta continuos

Las PyMES no pueden darse el lujo de ser complacientes cuando se trata de ciberseguridad. Los profesionales de TI deben implementar mecanismos de monitoreo continuo para detectar y responder de manera oportuna a posibles incidentes de seguridad. Esto implica la implementación de herramientas de seguridad, la realización de escaneos periódicos de vulnerabilidades y el establecimiento de protocolos de respuesta a incidentes. Al monitorear continuamente sus sistemas, los profesionales de TI pueden identificar y mitigar rápidamente las brechas de seguridad.

Lección 5: Colaborar con socios externos

Los profesionales de TI en las PyMES deben reconocer el valor de colaborar con socios externos, como proveedores de ciberseguridad y colegas de la industria. Estas asociaciones pueden proporcionar acceso a experiencia y recursos especializados que las PyMES pueden no tener internamente. Al aprovechar el apoyo externo, los profesionales de TI pueden mejorar sus capacidades de ciberseguridad y mantenerse por delante de las amenazas emergentes.

En conclusión, los profesionales de TI en las PyMES desempeñan un papel vital en la implementación del Marco de Ciberseguridad NIST 2.0 para proteger a sus organizaciones de las amenazas cibernéticas. Al comprender el panorama de amenazas, realizar evaluaciones de riesgos, construir una cultura de ciberseguridad, implementar un monitoreo continuo y colaborar con socios externos, los profesionales de TI pueden mejorar su postura de ciberseguridad y salvaguardar a sus PyMES en el mundo digital actual.

Importancia de la Mejora Continua y la Adaptabilidad en la Ciberseguridad

El panorama de las amenazas cibernéticas está en constante evolución, con nuevos tipos de ataques y vulnerabilidades que emergen continuamente. En este contexto, la mejora continua y la adaptabilidad son dos pilares fundamentales para mantener una postura de seguridad efectiva.

Mejora continua:

- Implementar un ciclo de mejora continua para el programa de ciberseguridad, incluyendo la revisión regular de las políticas, procedimientos y controles técnicos.
- Implementar un proceso para la identificación y gestión de nuevas vulnerabilidades.
- Monitorear y analizar las métricas de seguridad para identificar áreas de mejora.

Adaptabilidad:

- Ser capaz de adaptarse rápidamente a nuevas amenazas y vulnerabilidades.
- Implementar un programa de pruebas de penetración para identificar y corregir las vulnerabilidades de seguridad.
- Implementar un plan de respuesta a incidentes para minimizar el impacto de un ataque cibernético.

Beneficios:

- Reducción del riesgo de sufrir un ataque cibernético.
- Mayor capacidad para detectar y responder a incidentes de seguridad.
- Mayor confianza en la seguridad de la información.
- Cumplimiento de las regulaciones de seguridad.

La mejora continua y la adaptabilidad son dos principios esenciales para la gestión eficaz de la ciberseguridad en un entorno de amenazas en constante cambio. Al implementar un programa de mejora continua y un plan de respuesta a incidentes, las PyMEs pueden fortalecer su postura de seguridad y minimizar el impacto de un ataque cibernético.

Apéndice A: Plantillas para la Implementación del Marco

Plantilla para la Función de Núcleo "Identificar" del Marco de Ciberseguridad NIST 2.0.

Esta plantilla incluye diferentes categorías de activos y subcategorías relevantes.

1. Gestión de activos

1.1. Inventario de dispositivos
- Computadoras de escritorio
- Laptops
- Servidores
- Dispositivos móviles
- Dispositivos de red (enrutadores, switches, firewalls)
- Dispositivos de Internet de las cosas (IoT)
- Sistemas de control industrial (ICS)
- Dispositivos médicos
- Otros dispositivos conectados

1.2. Inventario de sistemas de información
- Sistemas operativos

- Software y aplicaciones
- Bases de datos
- Sistemas en la nube
- Sistemas heredados

1.3. Flujo de datos y mapeo

- Diagramas de flujo de datos
- Mapeo de datos sensibles
- Clasificación de datos

1.4. Gestión de activos externos

- Proveedores y terceros
- Servicios en la nube
- Integraciones y API

2. Entorno empresarial

2.1. Funciones y responsabilidades

- Roles y responsabilidades de ciberseguridad
- Estructura organizativa
- Líneas de comunicación

2.2. Misión, objetivos y actividades críticas

- Objetivos empresariales
- Procesos críticos
- Interdependencias

2.3. Partes interesadas y requisitos

- Requisitos regulatorios y legales
- Requisitos contractuales
- Expectativas de las partes interesadas

3. Gobernanza

3.1. Políticas de ciberseguridad

- Política de seguridad de la información
- Política de uso aceptable

- Política de gestión de acceso
- Política de gestión de incidentes

3.2. Roles y responsabilidades de gestión

- Junta directiva y alta dirección
- Comité de ciberseguridad
- Director de Seguridad de la Información (CISO)

3.3. Requisitos legales y regulatorios

- Leyes y regulaciones aplicables
- Estándares y marcos de la industria
- Obligaciones contractuales

4. Evaluación de riesgos

4.1. Identificación de activos

- Activos críticos
- Activos de información
- Activos de infraestructura

4.2. Evaluación de amenazas

- Fuentes de amenazas
- Vectores de ataque
- Motivaciones y capacidades de los adversarios

4.3. Evaluación de vulnerabilidades

- Escaneo de vulnerabilidades
- Pruebas de penetración
- Análisis de configuración

4.4. Determinación de impacto y probabilidad

- Impacto financiero
- Impacto operativo
- Impacto reputacional

4.5. Priorización de riesgos

- Matriz de riesgo
- Criterios de aceptación de riesgos

- Planes de tratamiento de riesgos

5. Estrategia de gestión de riesgos
   5.1. Declaración de tolerancia al riesgo
   - Apetito de riesgo
   - Umbrales de riesgo
   - Indicadores clave de riesgo (KRI)
   5.2. Estrategias de mitigación de riesgos
   - Controles de seguridad
   - Transferencia de riesgos (seguros)
   - Evitación de riesgos
   5.3. Planes de acción y hoja de ruta
   - Iniciativas de ciberseguridad
   - Asignación de recursos
   - Cronogramas y plazos

Esta plantilla cubre los aspectos clave de la función "Identificar" y proporciona una estructura detallada para que las organizaciones evalúen y gestionen sus riesgos de ciberseguridad.

Esta plantilla es adaptable y debe personalizarse según las necesidades y el contexto específico de cada organización.

Plantilla para la Función de Núcleo "Proteger" del Marco de Ciberseguridad NIST 2.0.

Esta plantilla incluye diferentes categorías de protecciones y subcategorías relevantes.

1. Gestión de identidad y control de acceso

1.1. Políticas y procedimientos de gestión de identidad y autenticación

- Política de contraseñas
- Procedimientos de gestión de cuentas de usuario
- Autenticación multifactor (MFA)
- Inicio de sesión único (SSO)

1.2. Gestión de acceso y autorizaciones

- Control de acceso basado en roles (RBAC)
- Principio de mínimo privilegio
- Segregación de funciones
- Gestión de cuentas privilegiadas

1.3. Gestión del ciclo de vida de las identidades

- Aprovisionamiento y desaprovisionamiento de cuentas
- Revisiones periódicas de acceso
- Integración con sistemas de recursos humanos

1.4. Autenticación y autorización externa

- Federación de identidades
- Gestión de acceso de terceros
- Integraciones de API seguras

2. Concienciación y formación

2.1. Programa de concienciación sobre ciberseguridad

- Política de concienciación y capacitación

- Contenido de capacitación adaptado a roles
- Campañas de concienciación periódicas
- Pruebas y evaluaciones de efectividad

2.2. Capacitación específica de roles

- Capacitación para el personal de seguridad
- Capacitación para desarrolladores
- Capacitación para usuarios finales

2.3. Capacitación sobre políticas y procedimientos

- Políticas de seguridad de la información
- Procedimientos de manejo de incidentes
- Prácticas de seguridad específicas de la industria

2.4. Simulacros y ejercicios

- Pruebas de phishing
- Simulacros de respuesta a incidentes
- Ejercicios de mesa

3. Seguridad de datos

3.1. Clasificación y etiquetado de datos

- Esquema de clasificación de datos
- Etiquetado y manejo de datos sensibles
- Política de retención de datos

3.2. Protección de datos en reposo

- Cifrado de disco completo
- Cifrado a nivel de archivo/base de datos
- Controles de acceso y autenticación

3.3. Protección de datos en tránsito

- Cifrado de comunicaciones (SSL/TLS)
- Redes privadas virtuales (VPN)
- Protocolos seguros (HTTPS, SFTP)

3.4. Gestión del ciclo de vida de los datos

- Políticas de retención y eliminación

- Destrucción segura de datos
- Gestión de derechos y permisos

4. Procesos y procedimientos de protección de la información

4.1. Configuración segura de sistemas y dispositivos

- Líneas base de configuración segura
- Gestión de configuración y cambios
- Endurecimiento del sistema (hardening)

4.2. Gestión de activos de software y licencias

- Inventario de software
- Gestión de licencias y actualizaciones
- Política de software no autorizado

4.3. Mantenimiento y monitoreo de sistemas

- Parches y actualizaciones de seguridad
- Registros y monitoreo de eventos
- Detección de malware y antivirus

4.4. Protección contra amenazas externas

- Filtrado de contenido y restricción de acceso
- Protección contra malware y phishing
- Seguridad del correo electrónico y la mensajería

5. Mantenimiento

5.1. Gestión de activos y configuración

- Inventario y seguimiento de activos
- Gestión de cambios y configuración
- Mantenimiento y reemplazo de equipos

5.2. Gestión de proveedores y terceros

- Evaluación y selección de proveedores
- Acuerdos de nivel de servicio (SLA) y contratos
- Monitoreo y auditoría de proveedores

5.3. Gestión de parches y actualizaciones

- Proceso de gestión de parches
- Pruebas y despliegue de parches
- Parches de emergencia y mitigación de riesgos

5.4. Gestión de la capacidad y el rendimiento

- Monitoreo de capacidad y rendimiento
- Planificación de capacidad y escalabilidad
- Optimización y ajuste del sistema

6. Tecnología de protección

6.1. Controles de seguridad de red

- Firewalls y filtrado de paquetes
- Sistemas de detección y prevención de intrusiones (IDS/IPS)
- Segmentación de red y micro-segmentación

6.2. Controles de seguridad de endpoints

- Antivirus y antimalware
- Firewalls de host
- Gestión de parches y vulnerabilidades

6.3. Controles de seguridad de aplicaciones

- Pruebas de seguridad de aplicaciones
- Firewalls de aplicaciones web (WAF)
- Codificación y desarrollo seguros

6.4. Controles de seguridad de datos

- Prevención de pérdida de datos (DLP)
- Cifrado y tokenización de datos
- Enmascaramiento de datos y anonimización

Esta plantilla cubre los aspectos clave de la función "Proteger" y proporciona una estructura detallada para que las organizaciones implementen medidas de protección efectivas.

Esta plantilla es adaptable y debe personalizarse según las necesidades y el contexto específico de cada organización.

Plantilla para la Función de Núcleo "Detectar" del Marco de Ciberseguridad NIST 2.0.

Esta plantilla incluye diferentes categorías de detecciones y subcategorías relevantes.

1. Anomalías y eventos

1.1. Detección de amenazas

- Sistemas de detección de intrusiones (IDS)
- Sistemas de prevención de intrusiones (IPS)
- Detección de malware y análisis de comportamiento
- Detección de anomalías basada en machine learning

1.2. Monitoreo de seguridad continua

- Monitoreo de eventos de seguridad (SIEM)
- Recopilación y análisis de registros
- Correlación de eventos y alertas
- Cuadros de mando y visualización

1.3. Detección de fraude

- Monitoreo de transacciones y actividades sospechosas
- Análisis de comportamiento del usuario
- Detección de anomalías en patrones de uso

1.4. Detección de amenazas internas

- Monitoreo de actividades de usuarios privilegiados
- Análisis de comportamiento de usuarios
- Detección de violaciones de políticas y procedimientos

2. Monitoreo continuo de seguridad

2.1. Configuración y gestión de herramientas de monitoreo

- Selección e implementación de herramientas de monitoreo
- Configuración y ajuste de reglas y umbrales
- Integración con sistemas y fuentes de datos

2.2. Recopilación y correlación de datos de seguridad

- Recopilación de registros y eventos de seguridad
- Normalización y enriquecimiento de datos
- Correlación y análisis de eventos

2.3. Análisis y detección de amenazas

- Análisis de comportamiento y patrones
- Inteligencia de amenazas y fuentes externas
- Detección de amenazas avanzadas persistentes (APT)

2.4. Comunicación y notificación de eventos de seguridad

- Política de notificación de incidentes
- Integración con sistemas de gestión de incidentes
- Informes y dashboards de seguridad

3. Procesos de detección

3.1. Triaje y categorización de eventos

- Criterios de clasificación y priorización de eventos
- Asignación de eventos a equipos y expertos en la materia
- Documentación y seguimiento de eventos

3.2. Investigación y análisis de incidentes

- Metodología de investigación de incidentes
- Recopilación y preservación de evidencias
- Análisis forense y determinación de la causa raíz

3.3. Contención y erradicación de amenazas

- Procedimientos de contención de incidentes
- Aislamiento y cuarentena de sistemas afectados
- Eliminación de artefactos maliciosos y persistencia

3.4. Recuperación y lecciones aprendidas

- Restauración de sistemas y datos
- Fortalecimiento de defensas y mitigación de vulnerabilidades
- Documentación y revisión posteriores al incidente

4. Pruebas y simulaciones de detección
4.1. Pruebas de penetración y simulacros de amenazas
- Planificación y alcance de las pruebas de penetración
- Simulación de tácticas, técnicas y procedimientos de adversarios
- Identificación y explotación de vulnerabilidades
4.2. Pruebas de detección y respuesta
- Simulación de escenarios de ataque y respuesta
- Evaluación de la eficacia de los controles de detección
- Validación de procedimientos y flujos de trabajo de respuesta
4.3. Ejercicios de mesa y juegos de guerra
- Planificación y ejecución de ejercicios de mesa
- Simulación de escenarios de crisis y toma de decisiones
- Identificación de brechas y oportunidades de mejora
4.4. Evaluación y mejora continua
- Métricas e indicadores clave de rendimiento (KPI) de detección
- Revisión y ajuste de procesos y tecnologías de detección
- Incorporación de lecciones aprendidas y mejores prácticas

5. Gestión de información y eventos de seguridad (SIEM)
5.1. Arquitectura y diseño de SIEM
- Selección de tecnologías y componentes de SIEM
- Diseño de la arquitectura y flujos de datos
- Integración con fuentes de datos y sistemas externos
5.2. Recopilación y normalización de datos
- Configuración de conectores y agentes de recopilación
- Parseo y normalización de formatos de datos
- Enriquecimiento de datos con información contextual

5.3. Correlación y análisis de eventos
- Definición de reglas de correlación y casos de uso
- Creación de dashboards y vistas personalizadas
- Detección de amenazas y generación de alertas

5.4. Respuesta y investigación de incidentes
- Integración con procesos y herramientas de respuesta a incidentes
- Investigación y análisis forense basados en SIEM
- Automatización y orquestación de respuestas

Esta plantilla cubre los aspectos clave de la función "Detectar" y proporciona una estructura detallada para que las organizaciones implementen capacidades de detección robustas.

Esta plantilla es adaptable y debe personalizarse según las necesidades y el contexto específico de cada organización.

Plantilla para la Función de Núcleo "Responder" del Marco de Ciberseguridad NIST 2.0.

Esta plantilla cubre diferentes categorías de respuestas a incidentes y subcategorías relevantes.

1. Plan de respuesta a incidentes

1.1. Desarrollo y documentación del plan
- Objetivos y alcance del plan de respuesta a incidentes
- Roles y responsabilidades del equipo de respuesta
- Categorización y clasificación de incidentes
- Procedimientos y flujos de trabajo de respuesta

1.2. Comunicación y coordinación
- Matriz de comunicación y escalamiento

- Notificación a partes interesadas internas y externas
- Coordinación con equipos de TI, legales y de relaciones públicas
- Colaboración con organismos externos y de aplicación de la ley

1.3. Recursos y herramientas de respuesta

- Herramientas de investigación y análisis forense
- Sistemas de gestión de incidentes y seguimiento de tickets
- Plataformas de colaboración y comunicación segura
- Recursos de inteligencia de amenazas y fuentes externas

1.4. Pruebas y actualizaciones del plan

- Simulacros y ejercicios de respuesta a incidentes
- Revisión y actualización periódica del plan
- Incorporación de lecciones aprendidas y mejores prácticas

2. Análisis de incidentes

2.1. Detección y notificación de incidentes

- Monitoreo y alerta de eventos de seguridad
- Mecanismos de notificación y escalamiento
- Recopilación inicial de información y evidencias

2.2. Triaje y categorización de incidentes

- Evaluación inicial y clasificación de incidentes
- Asignación de prioridad y recursos de respuesta
- Documentación y seguimiento de incidentes

2.3. Investigación y análisis forense

- Recopilación y preservación de evidencias digitales
- Análisis de registros, tráfico de red y artefactos maliciosos
- Identificación de vectores de ataque y alcance del impacto
- Determinación de la causa raíz y línea de tiempo del incidente

2.4. Evaluación del impacto y notificación

- Evaluación del impacto en sistemas, datos y operaciones
- Notificación a partes interesadas y entidades reguladoras
- Cumplimiento de requisitos legales y contractuales de notificación

3. Contención, erradicación y recuperación

3.1. Estrategias de contención

- Aislamiento y cuarentena de sistemas afectados
- Bloqueo de actividades maliciosas y limpieza de artefactos
- Implementación de medidas de contención temporales

3.2. Erradicación de la amenaza

- Eliminación de malware y artefactos maliciosos
- Cierre de vulnerabilidades y vectores de ataque
- Aplicación de parches y actualizaciones de seguridad

3.3. Recuperación y restauración

- Restauración de sistemas y datos desde copias de seguridad
- Verificación de integridad y seguridad de los sistemas restaurados
- Restablecimiento de operaciones y servicios críticos

3.4. Monitoreo posterior al incidente

- Monitoreo de actividades sospechosas y recurrencia
- Implementación de controles de seguridad adicionales
- Revisión y ajuste de políticas y procedimientos de seguridad

4. Actividades posteriores al incidente

4.1. Investigación exhaustiva

- Análisis forense detallado y recopilación de evidencias
- Identificación de indicadores de compromiso (IOC) y firmas de ataque
- Colaboración con equipos de inteligencia de amenazas y expertos externos

4.2. Informes y documentación

- Documentación detallada del incidente y la respuesta
- Preparación de informes para partes interesadas internas y externas
- Presentación de hallazgos y recomendaciones a la dirección

4.3. Lecciones aprendidas y mejora continua

- Revisión posterior al incidente y sesiones informativas

- Identificación de áreas de mejora en procesos y tecnologías
- Actualización de políticas, procedimientos y controles de seguridad
- Capacitación y concientización del personal basadas en lecciones aprendidas

4.4. Comunicación y gestión de la reputación

- Estrategia de comunicación y mensajes clave
- Gestión de relaciones con medios y partes interesadas externas
- Reparación de daños reputacionales y restablecimiento de la confianza

5. Coordinación y compartición de información

5.1. Colaboración interna

- Coordinación entre equipos de seguridad, TI y negocios
- Intercambio de información y conocimientos sobre amenazas
- Establecimiento de canales de comunicación seguros

5.2. Colaboración externa

- Participación en grupos de intercambio de información sobre amenazas
- Coordinación con proveedores de servicios de seguridad y socios externos
- Colaboración con autoridades y organismos de aplicación de la ley

5.3. Notificación a partes interesadas

- Comunicación a clientes, socios y partes interesadas afectadas
- Cumplimiento de requisitos legales y reglamentarios de notificación
- Proporcionar información y asistencia a partes interesadas

5.4. Aprendizaje y mejora de la comunidad

- Compartir lecciones aprendidas y mejores prácticas con la comunidad
- Participación en iniciativas y foros de ciberseguridad
- Contribución al desarrollo de estándares y directrices de la industria

Esta plantilla cubre los aspectos clave de la función "Responder" y proporciona una estructura detallada para que las organizaciones implementen procesos de respuesta a incidentes efectivos.

Esta plantilla es adaptable y debe personalizarse según las necesidades y el contexto específico de cada organización.

Plantilla para la Función de Núcleo "Recuperar" del Marco de Ciberseguridad NIST 2.0.

Esta plantilla cubre diferentes categorías de recuperación y subcategorías relevantes.

1. Plan de recuperación

   1.1. Desarrollo y documentación del plan
   - Objetivos y alcance del plan de recuperación
   - Identificación de sistemas, aplicaciones y datos críticos
   - Roles y responsabilidades del equipo de recuperación
   - Estrategias y procedimientos de recuperación

   1.2. Recursos y dependencias
   - Identificación de recursos necesarios para la recuperación
   - Evaluación de dependencias internas y externas
   - Acuerdos y contratos con proveedores de servicios de recuperación
   - Gestión de presupuesto y asignación de recursos

   1.3. Pruebas y mantenimiento del plan
   - Pruebas periódicas y simulacros de recuperación
   - Revisión y actualización del plan de recuperación
   - Incorporación de lecciones aprendidas y mejores prácticas
   - Capacitación y concientización del personal sobre el plan

2. Copias de seguridad y restauración

2.1. Estrategia de copias de seguridad

- Identificación de datos y sistemas críticos para respaldar
- Selección de métodos y tecnologías de respaldo apropiados
- Determinación de la frecuencia y retención de las copias de seguridad
- Almacenamiento seguro y fuera del sitio de las copias de seguridad

2.2. Pruebas de restauración

- Verificación periódica de la integridad de las copias de seguridad
- Realización de pruebas de restauración en entornos de prueba
- Validación de la capacidad de restaurar sistemas y datos críticos
- Identificación y corrección de problemas de restauración

2.3. Recuperación de datos

- Procedimientos para la recuperación de datos desde copias de seguridad
- Priorización de la restauración basada en criticidad y dependencias
- Verificación de la integridad y consistencia de los datos restaurados
- Sincronización de datos entre sistemas restaurados

3. Continuidad del negocio

3.1. Análisis de impacto empresarial (BIA)

- Identificación de funciones y procesos críticos del negocio
- Evaluación del impacto de las interrupciones en las operaciones
- Determinación de objetivos de tiempo y punto de recuperación (RTO/RPO)
- Priorización de la recuperación basada en el impacto empresarial

3.2. Estrategias de continuidad

- Identificación de estrategias de recuperación alternativas
- Consideración de soluciones de alta disponibilidad y redundancia
- Implementación de sitios de respaldo y recuperación de desastres
- Acuerdos de nivel de servicio (SLA) con proveedores críticos

3.3. Comunicación y coordinación

- Desarrollo de un plan de comunicación durante la interrupción
- Notificación a empleados, clientes y partes interesadas
- Coordinación con equipos internos y proveedores externos
- Gestión de expectativas y actualizaciones periódicas

4. Recuperación de infraestructura

4.1. Evaluación de daños y necesidades

- Evaluación del alcance y la gravedad del impacto en la infraestructura
- Identificación de componentes de infraestructura dañados o comprometidos
- Determinación de requisitos de reparación, reemplazo o reconfiguración
- Priorización de actividades de recuperación de infraestructura

4.2. Restauración de sistemas y redes

- Procedimientos para la reconstrucción y reconfiguración de sistemas
- Restauración de configuraciones y datos de sistemas desde copias de seguridad
- Verificación de la funcionalidad y seguridad de los sistemas restaurados
- Restablecimiento de conectividad de red y servicios de comunicación

4.3. Recuperación de aplicaciones y servicios

- Priorización de la restauración de aplicaciones críticas para el negocio
- Coordinación con equipos de desarrollo y proveedores de aplicaciones
- Pruebas y validación de funcionalidad de aplicaciones restauradas
- Restablecimiento de integraciones y dependencias entre aplicaciones

5. Mejora continua

5.1. Lecciones aprendidas

- Realización de revisiones posteriores a la recuperación
- Identificación de fortalezas, debilidades y áreas de mejora
- Documentación y comunicación de lecciones aprendidas
- Implementación de acciones correctivas y preventivas

5.2. Actualización de planes y procedimientos

- Incorporación de lecciones aprendidas en planes de recuperación
- Actualización de documentación, diagramas y configuraciones relevantes
- Comunicación de cambios y mejoras al personal y partes interesadas
- Programación de revisiones y actualizaciones periódicas

5.3. Ejercicios y pruebas continuas

- Planificación y ejecución de ejercicios y simulacros de recuperación regulares
- Validación de la eficacia de los planes y procedimientos de recuperación
- Identificación de brechas y oportunidades de mejora
- Fomento de la concientización y preparación del personal

Esta plantilla cubre los aspectos clave de la función "Recuperar" y proporciona una estructura detallada para que las organizaciones desarrollen e implementen planes de recuperación integrales.

Esta plantilla es adaptable y debe personalizarse según las necesidades específicas, los requisitos reglamentarios y el contexto de cada organización.

Apéndice B: Guías Paso a Paso para la Implementación del Marco

Guía para Implementar el Núcleo del Marco de Ciberseguridad 2.0 de NIST: Identificar

Introducción:

El Marco de Ciberseguridad 2.0 del NIST (National Institute of Standards and Technology) es una guía completa para mejorar la postura de seguridad de una organización. El núcleo del marco, "Identificar", se centra en comprender los activos de información y los sistemas de una organización, así como los riesgos que los amenazan.

Pasos a seguir:

1. Definir el alcance:

- Determine qué activos de información y sistemas se incluirán en la evaluación.
- Considere los diferentes tipos de activos, como datos confidenciales, sistemas críticos y aplicaciones web.

- Defina los límites del alcance, como departamentos específicos o ubicaciones geográficas.

2. Recopilar información:

- Realice un inventario de activos de información y sistemas.
- Documente las características y funcionalidades de cada activo.
- Identifique los propietarios y responsables de cada activo.
- Recopile información sobre los riesgos potenciales que amenazan a cada activo.

3. Analizar los riesgos:

- Evalúe la probabilidad e impacto de cada riesgo potencial.
- Priorice los riesgos según su nivel de criticidad.
- Identifique las vulnerabilidades que podrían ser explotadas por los atacantes.
- Determine las medidas de control existentes para mitigar los riesgos.

4. Documentar los resultados:

- Cree un registro de activos de información y sistemas.
- Documente los riesgos identificados y su análisis.
- Describa las medidas de control existentes y las recomendaciones para mejorarlas.

5. Implementar y mantener el proceso:

- Desarrolle un plan para implementar las recomendaciones de mejora.

- Asigne recursos y responsabilidades para la implementación.
- Monitoree y revise el proceso de identificación de riesgos de forma regular.
- Actualice la información y los análisis de riesgos según sea necesario.

Consejos:

- Involucre a las partes interesadas clave de toda la organización en el proceso de identificación de riesgos.
- Utilice herramientas y técnicas de análisis de riesgos para evaluar los riesgos de forma efectiva.
- Documente los resultados de forma clara y concisa.
- Implemente un proceso de mejora continua para mantener la postura de seguridad de la organización.

Conclusión:

La implementación del núcleo del Marco de Ciberseguridad 2.0 de NIST "Identificar" es un paso fundamental para mejorar la comprensión de los riesgos de ciberseguridad y fortalecer la postura de seguridad de una organización.

Guía para Implementar el Núcleo del Marco de Ciberseguridad 2.0 de NIST: Proteger

Introducción:

El Marco de Ciberseguridad 2.0 del NIST (National Institute of Standards and Technology) es una guía completa para mejorar la postura de seguridad de una organización. El núcleo del marco, "Proteger", se centra en implementar medidas de seguridad para salvaguardar los activos de información y los sistemas de una organización.

Pasos a seguir:

1. Seleccionar las medidas de seguridad:

- Identifique las medidas de seguridad adecuadas para los riesgos identificados en la fase de "Identificar".
- Considere una variedad de medidas de seguridad, como controles de acceso, firewalls, antivirus, sistemas de detección de intrusiones (IDS) y sistemas de prevención de intrusiones (IPS).
- Priorice la implementación de las medidas de seguridad más críticas.

2. Implementar las medidas de seguridad:

- Configure y administre las medidas de seguridad de acuerdo con las mejores prácticas.
- Documente las configuraciones y los procedimientos de seguridad.
- Capacite al personal sobre el uso y la gestión de las medidas de seguridad.

3. Monitorear y revisar las medidas de seguridad:

- Monitoree el estado de las medidas de seguridad de forma continua.
- Revise las medidas de seguridad de forma regular para verificar su eficacia.
- Realice pruebas de penetración para evaluar la efectividad de las medidas de seguridad.

4. Implementar un programa de mejora continua:

- Identifique oportunidades para mejorar las medidas de seguridad existentes.
- Implemente nuevas medidas de seguridad según sea necesario.
- Mantenga actualizado el programa de seguridad para reflejar los cambios en el entorno de amenazas.

Consejos:

- Involucre a las partes interesadas clave de toda la organización en el proceso de implementación de las medidas de seguridad.
- Utilice herramientas y técnicas de evaluación de riesgos para seleccionar las medidas de seguridad adecuadas.
- Documente las configuraciones y los procedimientos de seguridad de forma clara y concisa.
- Implemente un programa de capacitación para el personal sobre las medidas de seguridad.
- Realice pruebas de penetración de forma regular para evaluar la efectividad de las medidas de seguridad.

Conclusión:

La implementación del núcleo del Marco de Ciberseguridad 2.0 de NIST "Proteger" es un paso fundamental para fortalecer la postura de seguridad de una organización y salvaguardar sus activos de información y sistemas.

Guía para Implementar el Núcleo del Marco de Ciberseguridad 2.0 de NIST: Detectar

Introducción:

El Marco de Ciberseguridad 2.0 del NIST (National Institute of Standards and Technology) es una guía completa para mejorar la postura de seguridad de una organización. El núcleo del marco, "Detectar", se centra en la identificación de eventos de seguridad de manera oportuna.

Pasos a seguir:

1. Seleccionar las tecnologías de detección:

- Identifique las tecnologías de detección adecuadas para los tipos de eventos de seguridad que se buscan detectar.
- Considere una variedad de tecnologías de detección, como sistemas de detección de intrusiones (IDS), sistemas de prevención de intrusiones (IPS), sistemas de detección de malware, y herramientas de análisis de logs.
- Priorice la implementación de las tecnologías de detección más críticas.

2. Implementar las tecnologías de detección:

- Configure y administre las tecnologías de detección de acuerdo con las mejores prácticas.
- Documente las configuraciones y los procedimientos de detección.
- Capacite al personal sobre el uso y la gestión de las tecnologías de detección.

3. Monitorear y revisar las tecnologías de detección:

- Monitoree las alertas de las tecnologías de detección de forma continua.
- Revise las alertas de forma regular para verificar su precisión y relevancia.
- Investigue los eventos de seguridad detectados para determinar su impacto y tomar las medidas necesarias.

4. Implementar un programa de mejora continua:

- Identifique oportunidades para mejorar las tecnologías de detección existentes.
- Implemente nuevas tecnologías de detección según sea necesario.
- Mantenga actualizado el programa de detección para reflejar los cambios en el entorno de amenazas.

Consejos:

- Involucre a las partes interesadas clave de toda la organización en el proceso de implementación de las tecnologías de detección.
- Utilice herramientas y técnicas de evaluación de riesgos para seleccionar las tecnologías de detección adecuadas.
- Documente las configuraciones y los procedimientos de detección de forma clara y concisa.

- Implemente un programa de capacitación para el personal sobre las tecnologías de detección.
- Realice pruebas de las tecnologías de detección de forma regular para evaluar su efectividad.

Conclusión:

La implementación del núcleo del Marco de Ciberseguridad 2.0 de NIST "Detectar" es un paso fundamental para identificar de manera oportuna los eventos de seguridad y mejorar la capacidad de respuesta ante incidentes de una organización.

Guía para Implementar el Núcleo del Marco de Ciberseguridad 2.0 de NIST: Responder

Introducción:

El Marco de Ciberseguridad 2.0 del NIST (National Institute of Standards and Technology) es una guía completa para mejorar la postura de seguridad de una organización. El núcleo del marco, "Responder", se centra en definir un plan de respuesta a incidentes de seguridad para contener el daño y restaurar la normalidad de las operaciones.

Pasos a seguir:

1. Desarrollar un plan de respuesta a incidentes:

- Defina roles y responsabilidades para la respuesta a incidentes.
- Documente los pasos a seguir para diferentes tipos de incidentes.

- Incluya procedimientos para la contención, la erradicación, la recuperación y el análisis forense.
- Asigne recursos para la respuesta a incidentes.

2. Implementar el plan de respuesta a incidentes:

- Capacite al personal sobre el plan de respuesta a incidentes.
- Pruebe el plan de respuesta a incidentes de forma regular.
- Documente las lecciones aprendidas de los ejercicios de prueba y los incidentes reales.

3. Monitorear y revisar el plan de respuesta a incidentes:

- Revise el plan de respuesta a incidentes de forma regular para asegurar que esté actualizado.
- Realice cambios al plan según sea necesario para reflejar los cambios en el entorno de amenazas.

4. Implementar un programa de mejora continua:

- Identifique oportunidades para mejorar el plan de respuesta a incidentes.
- Implemente nuevas medidas de respuesta a incidentes según sea necesario.
- Mantenga actualizado el programa de respuesta a incidentes para reflejar los cambios en el entorno de amenazas.

Consejos:

- Involucre a las partes interesadas clave de toda la organización en el proceso de desarrollo del plan de respuesta a incidentes.

- Utilice herramientas y técnicas de evaluación de riesgos para definir los roles y responsabilidades de la respuesta a incidentes.
- Documente el plan de respuesta a incidentes de forma clara y concisa.
- Implemente un programa de capacitación para el personal sobre el plan de respuesta a incidentes.
- Realice pruebas del plan de respuesta a incidentes de forma regular para evaluar su efectividad.

Conclusión:

La implementación del núcleo del Marco de Ciberseguridad 2.0 de NIST "Responder" es un paso fundamental para minimizar el impacto de los incidentes de seguridad y restaurar la normalidad de las operaciones de manera rápida y eficiente.

Guía para Implementar el Núcleo del Marco de Ciberseguridad 2.0 de NIST: Recuperar

Introducción:

El Marco de Ciberseguridad 2.0 del NIST (National Institute of Standards and Technology) es una guía completa para mejorar la postura de seguridad de una organización. El núcleo del marco, "Recuperar", se centra en restaurar los sistemas y los datos a su estado normal después de un incidente de seguridad.

Pasos a seguir:

1. Desarrollar un plan de recuperación:

- Defina los objetivos de la recuperación.
- Documente los pasos a seguir para restaurar los sistemas y los datos.
- Incluya procedimientos para la recuperación de sistemas críticos, datos confidenciales y aplicaciones web.
- Asigne recursos para la recuperación.

2. Implementar el plan de recuperación:

- Capacite al personal sobre el plan de recuperación.
- Pruebe el plan de recuperación de forma regular.
- Documente las lecciones aprendidas de los ejercicios de prueba y los incidentes reales.

3. Monitorear y revisar el plan de recuperación:

- Revise el plan de recuperación de forma regular para asegurar que esté actualizado.
- Realice cambios al plan según sea necesario para reflejar los cambios en el entorno de amenazas.

4. Implementar un programa de mejora continua:

- Identifique oportunidades para mejorar el plan de recuperación.
- Implemente nuevas medidas de recuperación según sea necesario.
- Mantenga actualizado el programa de recuperación para reflejar los cambios en el entorno de amenazas.

Consejos:

- Involucre a las partes interesadas clave de toda la organización en el proceso de desarrollo del plan de recuperación.
- Utilice herramientas y técnicas de evaluación de riesgos para definir los objetivos de la recuperación.
- Documente el plan de recuperación de forma clara y concisa.
- Implemente un programa de capacitación para el personal sobre el plan de recuperación.
- Realice pruebas del plan de recuperación de forma regular para evaluar su efectividad.

Conclusión:

La implementación del núcleo del Marco de Ciberseguridad 2.0 de NIST "Recuperar" es un paso fundamental para minimizar el tiempo de inactividad y restaurar la capacidad operativa de una organización después de un incidente de seguridad.

* * *

Nota: Estas guías son un resumen general del proceso de implementación de los núcleos del Marco de Ciberseguridad del NIST. Se recomienda consultar la documentación oficial del NIST para obtener información más detallada.

Apéndice C: Recursos y Herramientas

El Marco de Ciberseguridad 2.0 del NIST (National Institute of Standards and Technology) ofrece una guía completa para que las PyMEs implementen un programa de ciberseguridad efectivo. A continuación, se presenta una lista de recursos y herramientas que pueden ayudar a las PyMEs a aplicar el Marco de Ciberseguridad 2.0:

Recursos gratuitos:

- **Marco de Ciberseguridad 2.0 del NIST:** https://www.nist.gov/cyberframework
- **Guía de Implementación del Marco de Ciberseguridad del NIST:** https://nvlpubs.nist.gov/nistpubs/SpecialPublications/NIST.SP.800-171r2.pdf
- **Centro de Seguridad de Internet (CIS):** https://www.cisecurity.org/
- **Lista de herramientas de ciberseguridad del NIST:**https://nvlpubs.nist.gov/nistpubs/SpecialPublications/NIST.SP.800-171r2.pdf

Herramientas de pago:

- **Herramientas de gestión de riesgos de ciberseguridad:**
- Tenable Nessus
- QualysGuard

- Rapid7 Nexpose
- **Herramientas de detección de intrusiones:**
- Snort
- Suricata
- Palo Alto Networks PAN-OS
- **Herramientas de respuesta a incidentes:**
- IBM Resilient
- FireEye Helix
- Sumo Logic

Consejos para elegir las herramientas adecuadas:

- **Considere el tamaño y la complejidad de su empresa.**
- **Evalúe sus necesidades y riesgos específicos de seguridad.**
- **Compare las características y funcionalidades de diferentes herramientas.**
- **Asegúrese de que las herramientas sean compatibles con su presupuesto.**
- **Obtenga capacitación y soporte para las herramientas que elija.**

Existen diversos recursos y herramientas disponibles para ayudar a las PyMEs a implementar el Marco de Ciberseguridad 2.0 del NIST. Al elegir las herramientas adecuadas y utilizarlas de manera efectiva, las PyMEs pueden mejorar significativamente su postura de seguridad y proteger sus activos de las amenazas cibernéticas.

Nota: Esta lista no es exhaustiva y existen otras herramientas y recursos disponibles. Se recomienda investigar y comparar diferentes opciones para encontrar las que mejor se adapten a las necesidades de su empresa.

Apéndice D: Glosario de Términos y Acrónimos

Glosario de Términos

Para comprender e implementar completamente el Marco de Ciberseguridad NIST 2.0 para Pequeñas y Medianas Empresas (PyMES), es esencial tener una comprensión sólida de los términos y conceptos clave asociados con la ciberseguridad. Este glosario sirve como una referencia completa para los profesionales de TI en las PyMES, proporcionando definiciones claras y explicaciones de la terminología utilizada dentro del marco.

1. **Ciberseguridad:** La práctica de proteger los sistemas informáticos, las redes y los datos del acceso no autorizado, el daño o el robo.
2. **NIST:** El Instituto Nacional de Estándares y Tecnología, una agencia del gobierno de los Estados Unidos responsable de desarrollar y promover estándares y directrices para diversos campos, incluida la ciberseguridad.
3. **Marco:** Un conjunto de pautas, mejores prácticas y estándares que las organizaciones pueden seguir para gestionar y mejorar su postura de ciberseguridad.

4. **Evaluación de riesgos:** El proceso de identificar, analizar y evaluar los riesgos y vulnerabilidades potenciales de ciberseguridad dentro de la infraestructura de una organización.

5. **Amenaza:** Cualquier evento o acción potencial que pueda explotar una vulnerabilidad e impactar negativamente en la ciberseguridad de una organización.

6. **Vulnerabilidad:** Una debilidad o falla en un sistema o red que puede ser explotada por un actor de amenaza para obtener acceso no autorizado o causar daño.

7. **Gestión de riesgos:** El proceso continuo de identificar, evaluar y mitigar los riesgos de ciberseguridad para reducir la probabilidad y el impacto de las amenazas potenciales.

8. **Respuesta a incidentes:** Los esfuerzos y acciones coordinados tomados por una organización para abordar y gestionar un incidente de ciberseguridad, incluida la contención, erradicación y recuperación.

9. **Controles de seguridad:** Salvaguardas o contramedidas implementadas para proteger información y sistemas sensibles, como firewalls, encriptación y controles de acceso.

10. **Autenticación:** El proceso de verificar la identidad de un usuario o dispositivo que intenta acceder a un sistema o red.

11. **Encriptación:** El proceso de convertir datos en un formato seguro al que solo se puede acceder con la clave de descifrado adecuada.

12. **Gestión de parches:** La práctica de actualizar regularmente el software y los sistemas con los últimos parches de seguridad para abordar las vulnerabilidades conocidas.

13. **Cumplimiento:** La adherencia a las leyes, regulaciones y estándares de la industria pertinentes para garantizar la protección de información confidencial y la privacidad de las personas.

14. **Capacitación en concientización sobre seguridad:** Programas de educación y capacitación diseñados para crear conciencia entre

los empleados sobre las amenazas de ciberseguridad y las mejores prácticas.

15. **Monitoreo continuo:** El proceso continuo de evaluar y analizar la postura de ciberseguridad de una organización para identificar y abordar cualquier vulnerabilidad o amenaza potencial.

Al familiarizarse con estos términos clave, los profesionales de TI pueden navegar mejor por las complejidades del Marco de Ciberseguridad NIST 2.0 e implementar efectivamente medidas de ciberseguridad dentro de sus PyMES. Comprender estos conceptos les permitirá comunicarse de manera efectiva con las partes interesadas, tomar decisiones informadas y garantizar la protección de los activos críticos y la información confidencial de su organización.

Abreviaturas y Acrónimos

En el ámbito de la ciberseguridad, comprender las diversas abreviaturas y acrónimos utilizados es esencial para una comunicación y comprensión efectivas. Esta sección tiene como objetivo familiarizar a los profesionales de TI con las abreviaturas y acrónimos más comúnmente utilizados en el contexto de la implementación del Marco de Ciberseguridad NIST 2.0 para Pequeñas y Medianas Empresas (PyMES).

Comprender estas abreviaturas y acrónimos no solo facilitará la comunicación entre profesionales, sino que también permitirá una implementación más fluida del Marco de Ciberseguridad NIST 2.0, mejorando la postura general de seguridad de las PyMES.

Aquí hay algunas de las abreviaturas y acrónimos clave que debe conocer:

1. **NIST** - Instituto Nacional de Estándares y Tecnología: Una agencia federal responsable de desarrollar y promover estándares para mejorar la ciberseguridad de la infraestructura crítica.

2. **PyMES** - Pequeñas y Medianas Empresas: Se refiere a empresas con recursos y mano de obra limitados, que a menudo enfrentan desafíos únicos de ciberseguridad.

3. **CSF** - Marco de Ciberseguridad: Un conjunto de pautas, mejores prácticas y estándares desarrollados por el NIST para ayudar a las organizaciones a gestionar y reducir los riesgos de ciberseguridad.

4. **PPR** - Priorizado, Proactivo, Basado en Riesgos: Un aspecto clave del NIST CSF, que enfatiza la necesidad de que las organizaciones prioricen sus esfuerzos de ciberseguridad en función de la evaluación de riesgos.

5. **RMF** - Marco de Gestión de Riesgos: Un proceso estructurado para gestionar el riesgo de ciberseguridad, que incluye los pasos de categorizar, seleccionar, implementar, evaluar y monitorear los controles de seguridad.

6. **CISO** - Director de Seguridad de la Información: El ejecutivo responsable de supervisar el programa de seguridad de la información de una organización.

7. **PII** - Información de Identificación Personal: Cualquier información que se pueda utilizar para identificar a una persona, como números de seguridad social, direcciones o información financiera.

8. **APT** - Amenaza Persistente Avanzada: Un ciberataque a largo plazo y dirigido por adversarios altamente capacitados, a menudo patrocinado por el estado, que busca obtener acceso no autorizado a información confidencial.

9. **MFA** - Autenticación de Múltiples Factores: Una medida de seguridad que requiere que los usuarios proporcionen múltiples formas de identificación, como contraseñas, biometría o tokens, para acceder a sistemas o datos.

10. **SIEM** - Gestión de Eventos e Información de Seguridad: Una solución de software que recopila y analiza datos de eventos de seguridad de varias fuentes para identificar posibles amenazas o violaciones.

Al familiarizarse con estas abreviaturas y acrónimos, mejorará su comprensión de los conceptos y la terminología asociados con el Marco de Ciberseguridad NIST 2.0. Este conocimiento le permitirá comunicarse eficazmente con colegas y partes interesadas, así como implementar prácticas de ciberseguridad que se alineen con las recomendaciones del marco.

Recuerde que el Marco de Ciberseguridad NIST 2.0 está diseñado para ayudar a las PyMES a mejorar su postura de ciberseguridad al proporcionar un enfoque sistemático para identificar, proteger, detectar, responder y recuperarse de las amenazas cibernéticas. Comprender las abreviaturas y acrónimos asociados es un paso crucial para lograr este objetivo y salvaguardar los activos digitales de su organización.

About the Author

Edgardo Fernández Climent, un destacado profesional de la informática con más de dos décadas de experiencia, ha dejado una huella indeleble en los ámbitos de infraestructura, redes y ciberseguridad. Tras graduarse con honores en Sistemas de Información Computarizados, Edgardo cursó un MBA y un Máster en Sistemas de Información de Gestión. Posee varias certificaciones de la industria como PMP, ITIL4 y Security+.

A lo largo de su carrera, el compromiso de Edgardo con mantenerse al tanto de las tecnologías emergentes y las tendencias de la industria permaneció inquebrantable. Su liderazgo al guiar a organizaciones a través de paisajes tecnológicos complejos y protegerlos contra amenazas cibernéticas se ha convertido en un testimonio de su experiencia y previsión.

No solo un virtuoso técnico, Edgardo también se ganó una reputación por mentorizar e inspirar a la próxima generación de profesionales de TI. Su dedicación a compartir conocimientos y fomentar un ambiente de trabajo colaborativo ha dejado un impacto duradero en los equipos que dirigió.

Hoy, como un consultor muy solicitado en la industria de TI, Edgardo continúa dando forma al paisaje tecnológico, impulsando la innovación y fortaleciendo a las organizaciones contra los desafíos siempre en evolución de la era digital. Su trayectoria es un testimonio del poder transformador de la experiencia, la pericia y la incesante búsqueda de excelencia en el dinámico campo de la tecnología de la información.

You can connect with me on:

🌐 https://fernandezcliment.com

🐦 https://twitter.com/efernandezclime

🔗 https://amazon.com/author/efernandezcliment

Subscribe to my newsletter:

✉ https://fernandezcliment.com/join-our-mail-list

Also by Edgardo Fernandez Climent

ISO/IEC 27001:2022 Paso a Paso: Implementación, Auditoría y Mejora Continua

En un mundo donde la seguridad de la información se ha convertido en una prioridad para organizaciones de todos los tamaños, la norma ISO/IEC 27001:2022 emerge como el estándar de oro para establecer, implementar, mantener y mejorar continuamente un Sistema de Gestión de Seguridad de la Información (SGSI). **"ISO/IEC 27001:2022 Paso a Paso"** es su guía definitiva para comprender e implementar este estándar esencial de manera eficaz.

Este libro está diseñado para llevarlo de la mano a través del complejo proceso de certificación de ISO/IEC 27001, desglosando cada etapa en pasos claros y manejables. Desde la planificación inicial y la evaluación de riesgos hasta la implementación de controles de seguridad y la preparación para la auditoría de certificación, este libro cubre todo lo que necesita saber para asegurar su información y lograr la certificación.

A través de explicaciones detalladas, ejemplos prácticos y casos de estudio, este libro ofrece una visión profunda de los requisitos de la norma y cómo estos se aplican en diferentes contextos organizacionales. Además, le proporciona estrategias prácticas, consejos y trucos para superar los desafíos comunes en la implementación y auditoría del SGSI.

"ISO/IEC 27001:2022 Paso a Paso" no solo está dirigido a profesionales de TI y seguridad de la información, sino también a gerentes y responsables de la implementación de la norma en sus organizaciones. Con un enfoque claro en la mejora continua, este libro es una herramienta indispensable para mantener su SGSI alineado con las mejores prácticas y adaptado a los cambios tecnológicos y a las nuevas amenazas de seguridad.

Ya sea que esté buscando certificar su organización por primera vez o actualizar su SGSI existente a la última versión del estándar, este libro es su compañero perfecto, proporcionando la orientación experta y los recursos necesarios para lograr sus objetivos de seguridad de la información.

Curso de ITIL4 para Profesionales de TI

Este libro es una guía exhaustiva y accesible diseñada para introducir y profundizar en el marco de ITIL4, la última evolución en las mejores prácticas de gestión de servicios de TI. A lo largo de sus capítulos, el libro desgrana los principios fundamentales, las prácticas clave, y las estrategias de implementación de ITIL4, brindando tanto a los novatos como a los profesionales experimentados en ITSM los conocimientos necesarios para mejorar la eficiencia, efectividad y alineación de los servicios de TI con los objetivos de negocio.

Desde un inicio, el texto establece una sólida comprensión de ITIL4, explicando su importancia en el contexto actual de transformación digital y cómo puede servir como un catalizador para la mejora continua dentro de las organizaciones. Se exploran en detalle las prácticas de gestión de servicios, desde la gestión de incidentes y problemas hasta la gestión de cambios, proporcionando pasos claros y consejos prácticos para su implementación efectiva.

A través de casos de estudio y ejemplos reales, se ilustran las aplicaciones prácticas de ITIL4 en diversos contextos, incluyendo pequeñas y medianas empresas, grandes corporaciones y el sector público, ofreciendo una visión realista de los desafíos y beneficios asociados con su implementación.

Un aspecto clave del libro es su enfoque en la educación continua y el desarrollo profesional, proporcionando una amplia gama de recursos, herramientas y consejos para aquellos que buscan avanzar en su comprensión y aplicación de ITIL4. Se incluyen recomendaciones de libros, cursos, certificaciones y comunidades en línea para apoyar el aprendizaje y el intercambio de conocimientos entre profesionales de ITSM.

En resumen, este libro actúa como un recurso integral para cualquiera que busque implementar o mejorar sus prácticas de gestión de servicios de TI utilizando ITIL4. Con su enfoque práctico, consejos detallados y ejemplos relevantes, es una herramienta indispensable para facilitar la transición a un modelo de gestión de servicios más ágil, resiliente y alineado con las necesidades del negocio.

 **ITIL4 in Action: A Step-by-Step Guide for IT Professionals**

"ITIL4 in Action: A Step-by-Step Guide for IT Professionals" is an invaluable resource that demystifies the principles and practices of ITIL 4, offering a hands-on approach for IT professionals navigating the world of IT service management. This comprehensive guide provides a clear roadmap, allowing readers to seamlessly integrate ITIL 4 into their daily operations. Through step-by-step guides, real-world scenarios, and actionable insights, the book equips IT professionals with the tools to enhance service delivery, optimize processes, and align IT services with organizational goals. Whether you're a seasoned IT expert or a newcomer to ITIL, this book serves as a trusted companion, offering a practical and accessible journey through the implementation of ITIL 4 practices.

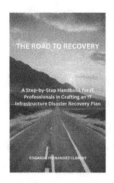

The Road to Recovery: A Step-by-Step Handbook for IT Professionals in Crafting an IT Infrastructure Disaster Recovery Plan

Disasters lurk around every corner, threatening to cripple your organization's IT infrastructure and disrupt critical operations. As an IT professional, you stand as the guardian of resilience, responsible for safeguarding data, resources, and business continuity in the face of the unforeseen. **The Road to Recovery** serves as your comprehensive roadmap to crafting a robust disaster recovery plan, empowering you to navigate adversity with confidence.

This step-by-step guide delves into the core concepts of disaster recovery, equipping you with the knowledge to identify potential threats, from natural disasters like earthquakes and floods to cyberattacks and data breaches. Through a thorough assessment of your IT infrastructure, you'll learn to map critical systems, identify dependencies, and evaluate potential impact, gaining valuable insights to inform your decision-making.

The heart of the book lies in crafting a comprehensive disaster recovery plan. You'll gain a clear understanding of defining recovery objectives, establishing Recovery Time Objectives (RTOs) and Recovery Point Objectives (RPOs), and exploring a diverse range of recovery strategies tailored to your organization's specific needs. Whether it's implementing backup and restoration procedures, leveraging hot or cold sites, or utilizing cloud-based solutions, you'll have the knowledge to build a plan that truly works.

But creating a plan is only half the battle. **The Road to Recovery** emphasizes the crucial role of testing and maintenance. Learn practical testing procedures and simulation techniques to identify weaknesses and ensure your plan can withstand real-world challenges. Ongoing maintenance and monitoring are also covered, highlighting the importance of continuous adaptation to reflect evolving technology and threats.

This book is your indispensable companion on the journey to safeguarding your IT infrastructure. With its expert guidance and practical strategies, you'll be empowered to:

Proactively identify and anticipate threats to your IT infrastructure.

Conduct a thorough assessment of your critical systems and dependencies.

Craft a comprehensive disaster recovery plan aligned with your organization's specific needs.

Implement effective testing and maintenance procedures to ensure plan effectiveness.

Adapt your plan to evolving technology and threats, guaranteeing long-term resilience.

The Road to Recovery is more than just a handbook; it's an investment in your organization's future. By taking control of disaster preparedness, you ensure business continuity, minimize downtime, and emerge from challenges stronger than ever.

Is your IT infrastructure ready for the unexpected? Start your journey to recovery today.

Leveraging Generative AI in IT Project Management: A Practical Guide

"Leveraging Generative AI in IT Project Management: A Practical Guide" is an indispensable resource for IT project managers and professionals seeking to navigate the complexities of modern project landscapes with the innovative power of Generative AI (GenAI). This comprehensive guide begins with a foundational preface on GenAI's significance in IT project management and offers readers an instructive roadmap on utilizing the book to its full potential. From the fundamentals of GenAI technologies, key concepts, and their application in IT projects, to the strategic integration of GenAI for project planning, documentation, and risk management, this book covers all the essential grounds.

Through detailed chapters, readers will learn how to set up their projects for success with GenAI, including choosing the right models, integrating AI into existing systems, and using GenAI for dynamic documentation and real-time project tracking. The book also delves into the softer aspects of project management, such as fostering an AI-ready culture, managing human-AI collaboration, and navigating the governance and ethical challenges posed by AI technologies. With a focus on practical applications, each chapter is enriched with case studies, examples, and best practices for leveraging GenAI to enhance team collaboration, optimize resource allocation, and make strategic decisions.

Addressing future trends and innovations, the book prepares project managers for the evolving IT project management landscape, emphasizing the importance of sustainable and ethical AI development. The guide concludes with an epilogue that reflects on the paradigm shifts in project management and the enduring role of human ingenuity in an

AI-driven world. Complemented by appendices offering a glossary of terms, resources for further learning, and a directory of software and tools, this guide is a must-have for anyone looking to leverage GenAI to drive project success in the digital age.

Mastering DevOps: A Comprehensive Guide to Streamlining Software Development and Operations

" Mastering DevOps: A Comprehensive Guide to Streamlining Software Development and Operations " is your essential guide to navigating the dynamic landscape of modern software development and delivery. Whether you're a seasoned IT professional or just starting your journey, this concise yet comprehensive book equips you with the fundamental principles and practical insights needed to embrace the transformative power of DevOps.

Explore the core concepts of DevOps, from fostering a collaborative culture to implementing continuous integration and delivery (CI/CD) practices. Uncover the significance of automation, infrastructure as code (IaC), and the integration of security throughout the development lifecycle. Real-world examples and case studies provide practical applications, helping you overcome common challenges and optimize your software delivery processes.

As you progress through the book, gain a glimpse into the future of DevOps, examining emerging technologies and trends that will shape the IT landscape. Discover strategies for staying ahead of industry changes and fostering a culture of continuous improvement within your organization.

"Mastering DevOps: A Comprehensive Guide to Streamlining Software Development and Operations " is your go-to resource for mastering the essentials of DevOps and adapting to the demands of the digital era. Whether you're an IT professional, developer, or decision-maker, this book empowers you to streamline your software delivery, enhance collaboration, and embrace the agility needed to succeed in today's fast-paced technology landscape. Embark on your DevOps journey and unlock the key essentials for modern software development success.

Mastering NIST SP 800-53: A Small Business IT Professional's Roadmap to Compliance

"Mastering NIST SP 800-53: A Small Business IT Professional's Roadmap to Compliance" is an indispensable guide tailored specifically for IT professionals operating within the dynamic landscape of small businesses. Authored with a keen understanding of the unique challenges faced by smaller enterprises, this book serves as a comprehensive roadmap to demystify and master the intricacies of the NIST Special Publication 800-53 framework. It goes beyond the theoretical by providing practical insights and actionable steps for implementing and maintaining NIST SP 800-53 controls, offering a holistic approach to information security. With real-world examples, best practices, and a focus on accessibility, this book empowers small business IT professionals to navigate the compliance landscape confidently, fortify their organizations against cybersecurity threats, and elevate their overall security posture. "Mastering NIST SP 800-53" is not just a manual for compliance; it is an essential companion for IT professionals seeking to safeguard the digital assets of their small businesses effectively.

Implementing NIST Cybersecurity Framework 2.0: A Comprehensive Guide for IT Professionals in SMEs

"Implementing NIST Cybersecurity Framework 2.0" serves as an indispensable guide tailored for Information Technology (IT) professionals navigating the complex landscape of Small and Medium-sized Enterprises (SMEs). In this comprehensive handbook, readers will find a detailed roadmap to fortify their organization's cyber defenses using the latest iteration of the National Institute of Standards and Technology (NIST) Cybersecurity Framework.

This book demystifies the intricacies of cybersecurity implementation, offering practical insights and step-by-step instructions to align SMEs with the robust security measures outlined in the NIST Cybersecurity Framework 2.0. Authored by seasoned experts in the field, the guide provides a holistic approach to addressing the evolving cyber threats faced by SMEs.

Whether you are an IT professional, cybersecurity practitioner, or an SME decision-maker, "Implementing NIST Cybersecurity Framework 2.0" is your go-to resource for fortifying your organization's defenses in the digital age. Arm yourself with the knowledge and tools needed to proactively safeguard against cyber threats, making cybersecurity a cornerstone of your business resilience strategy.

www.ingramcontent.com/pod-product-compliance
Lightning Source LLC
La Vergne TN
LVHW051336050326
832903LV00031B/3572